Mathias Kürschner

YES!

Mathias Kürschner

Yes!

VERLIEBT, VERLOBT, VERHEIRATET

Francke

Über den Autor:
Mathias Kürschner ist leitender Pastor der »Unglaublichen Kirche« im Expowal Hannover. Der verheiratete Vater von vier Kindern liebt Jesus, seine Familie und das Leben und vermittelt dies als geistlicher Begleiter, Berufungsnavigator und Kommunikationsberater auch gern an andere.

MIX
Papier aus verantwortungsvollen Quellen
FSC® C014138

Bibliografische Information der Deutschen Nationalbibliothek
Die Deutsche Nationalbibliothek verzeichnet diese Publikation in der Deutschen Nationalbibliografie; detaillierte bibliografische Daten sind im Internet über http://dnb.dnb.de abrufbar.

ISBN 978-3-96362-260-1

35037 Marburg an der Lahn
Umschlagbild: rawpixel.com / Freepik
Umschlaggestaltung: Francke-Buch GmbH / Marion Schramm
Satz: Francke-Buch GmbH
Printed in Czech Republic

www.francke-buch.de

Inhalt

Vorwort

Es gibt ein paar Entscheidungen im Leben, die ein bisschen wichtiger sind als andere. Die Berufswahl gehört mit Sicherheit dazu. Aber auch die Wahl des Ehepartners. Das Wort Ehe kommt ja von »ewig« – und das ist schon ganz schön lang ... Also sollte eine Entscheidung hier gut überlegt sein.

Dabei kann auch ein wenig Vorwissen nicht schaden. Im Gegenteil: Als Pfarrer bin ich ja mit vielen Paaren im Gespräch, die die Absicht haben zu heiraten. Und auch in der Eheseelsorge hat sich mir schon oft der Gedanke aufgedrängt, dass es hier eigentlich so etwas bräuchte wie einen »Ehe-Führerschein«. Bei allem Möglichen muss man in Deutschland Kenntnisse nachweisen, damit man hinterher nicht unter die Räder kommt bzw. nicht als irrlichterndes Risiko für andere unterwegs ist. Als ich mein letztes Segelboot kaufte, musste ich einen Motorbootschein-Binnen und auch ein Funker-Patent vorweisen, nur um ungestört auf dem Wannsee herumcruisen zu dürfen. Sogar für ein lächerliches »Fichtenmoped« – handelsüblich als Motorsäge bekannt – braucht man in Deutschland einen Führerschein, was ich als alter Wahlskandinavier für reichlich übertrieben halte.

Warum also keinen »Führerschein« für die Ehe? Ist das Zusammenleben mit einem Menschen vom anderen Geschlecht etwa weniger komplex? Kann man selbstverständlich davon ausgehen, dass das »jeder« schon immer weiß? Und ist der Schaden, den man dabei sich und dem anderen zufügen kann, nicht der Rede wert?

Ich muss nach fast zwanzig Jahren Ehe mit der besten Ehefrau von allen bekennen, dass wir schon das eine oder andere Mal solide vor die Wand gerauscht sind. Vielleicht sparen Sie sich die eine oder andere Beule und lesen diesen kleinen Reiseführer, der Sie durch die Untiefen der Beziehungswelt begleiten soll. Er beruht auf einer Predigtreihe, die ich 2020 als Gemeindepfarrer in einigen Gemeinden am Westrand von Berlin gehalten habe. Einige Zuhörer waren damals der Ansicht, dass Sie das auch lesen sollten!

Potsdam während des 2. Lockdowns 2020

Mathias J. Kürschner

Teil 1:

Sex? Ja gern. Nur mit wem?

Ich hoffe, Sie haben es sich mit dem Buch gemütlich gemacht und sitzen gut. Denn ich falle gleich mal mit der Tür ins Haus. Jetzt geht es nämlich um Sex. Ich weiß, das ist ein Thema, über das man angeblich nicht spricht und das doch ständig Thema ist. Mein Eindruck ist allerdings: Es reden oft die am lautesten, die eigentlich am wenigsten zu sagen haben. Es springt einen ja förmlich an.

- Auf dem Weg zum Einkauf fahre ich an einem Plakat vorbei, wo eine erstaunlich spärlich bekleidete Dame mit Schlafzimmerblick den Passanten mitteilt, dass sie jetzt »parshipt«. Gut zu wissen. Vielleicht sollte sie vorher auch noch mal Kleider shoppen gehen …

- An der Bushaltestelle erkundigt sich ein etwas strubbeliger Teenie auf einem Plakat, »ob's vielleicht im Schritt brennt«.

- Und eine Bushaltestelle weiter erinnern ein paar Kinder auf dem Foto daran, dass man bei der nächsten heißen Nacht die Kondome nicht vergessen sollte. Heiße Nacht? In dem Alter hätte ich da eher nach einem Ventilator gefahndet.

1. Über Sex spricht man nicht!

Damit sind wir bereits mitten im Thema. Über Sex spricht man nicht. Und gleichzeitig wissen wir, dass genau das Gegenteil der Fall ist und das Thema unterschwellig häufig mitschwingt. Die Werbebranche weiß: *Sex sells*. Mit Sex kann man Aufmerksamkeit erregen und den Verkauf ankurbeln. Den Satz »Über Sex spricht man nicht« können wir also getrost vergessen. Solange es Marketingabteilungen in diesem Land gibt, werden wir also davon hören – und wohl auch sehen …

Aber auch die sogenannten Bildungsinstitutionen sprechen davon. Vielfalt und Toleranz gelten als nicht hinterfragbare Bildungsinhalte im Sinne des Selbstbestimmungsrechts. Schon im Kindergartenalter werden unsere Sprösslinge mit dem konfrontiert, was angeblich alles frei, froh und Spaß macht. Bei den Kleinen bleiben merkwürdige Bilder haften, die der Bildung dienen sollen und die in mancher Kinderseele Antworten auf Fragen eingraben, die sie auf Jahre hinaus wahrscheinlich noch gar nicht gestellt hätten.

Über Sex spricht man nicht. Aber es gibt angeblich einen Ort, da wird ständig darüber gesprochen. In der Kirche. Das sei dort so eine Art Steckenpferd, hört man. Ein Leib- und Magenthema. Der Pfarrer wacht morgens auf und überlegt:

»Worüber predige ich denn heute mal? – Na klar: über Sex!« So wird es jedenfalls kolportiert. Oder aber die Hölle ... Aber ist das wirklich so? Können Sie sich daran erinnern, wie oft Sie in den letzten zehn Jahre im Gottesdienst saßen und dachten: *Nein, schon wieder geht es um Sexualität.* Ich wette, dass auf jede solche Predigt in unserer evangelischen Kirche mindestens zehn über Klimafragen oder politische Platzanweisungen kommen, obwohl die theologische Basis dafür nach meiner Wahrnehmung bisweilen dünner ist als ein Kondom. Kommen wir daher gleich zur zweiten Behauptung, die immer wieder geäußert wird:

2. Bibel und Kirche sind leibfeindlich

Wenn ich mit dieser Behauptung konfrontiert werde, kann ich mir als erfahrener Bibelleser nur die Augen reiben. Echt jetzt? Haben Sie schon mal im alttestamentlichen Hohenlied nachgelesen, in welch offener und genussvoller Weise dort von Liebe und Sexualität die Rede ist? – Da fragt ein verliebtes Mädchen:

> *Habt ihr ihn gesehen, ihn, den meine Seele liebt? Kaum war ich an ihnen vorübergegangen, fand ich ihn, den meine Seele liebt. Ich hielt ihn fest und ließ ihn nicht mehr los, bis ich ihn ins Haus meiner Mutter brachte, in die Kammer derjenigen, die mich geboren hatte. Ihr Mädchen von Jerusalem, ich beschwöre euch bei den Gazellen und den Rehen des Feldes, dass ihr die Liebe nicht aufweckt und stört, bis es ihr selbst gefällt.* (Hld 3,3-5)

Auch der junge Mann findet offensichtlich an ihr Gefallen und bietet in seiner Schilderung der Schönheit seiner Geliebten alles auf, was seine Welt an Vergleichen vollkommener Schönheit hergibt:

Dein Haar gleicht einer Ziegenherde, die vom Gebirge Gilead talwärts zieht. Deine Zähne sind wie eine Herde frisch geschorener Schafe, die gerade aus der Schwemme kommen. Jeder von ihnen hat seinen Zwilling, keiner von ihnen fehlt. Deine Lippen sind wie ein scharlachrotes Band und dein Mund ist wunderschön. Deine Schläfen hinter deinem Schleier schimmern wie eine Scheibe vom Granatapfel. Dein Hals ragt hervor wie der Turm Davids, aufgebaut in Schichten. Tausend Schilde hängen an ihm, alles Schilde der Helden. Deine beiden Brüste sind wie zwei junge Rehe, wie Zwillinge der Gazelle, die unter Lilien weiden. Wenn der Tag anbricht und die Schatten fliehen, will ich zum Myrrhenberg, dem Weihrauchhügel gehen. (Hld 4,1-6)

Die Beschreibung beginnt oben bei den Haaren und geht dann südwärts. Falls sie es verpasst haben sollten: Auch Myrrhenberg und Weihrauchhügel sind keine Ortsbezeichnungen, sondern Teil der erotischen Liebesmetaphorik. Wer hier rote Ohren bekommt, sollte bei der Schilderung des Freundes durch die Geliebte möglicherweise kurz frische Luft schnappen gehen. Denn ihre Begeisterung entbehrt nicht einer gewissen Explizität: Auf der Körperreise südwärts heißt es zwischen beeindruckenden Schilderungen über die Beschaffenheit von Armen und Beinen über den Körper: *Sein Körper ist ein Elfenbeinstoßzahn, der mit Saphiren besetzt ist* (5,10-16). – Noch Fragen?

Richtig heiß wird's, als die beiden dann zueinander finden:

Da, hört, mein Geliebter klopft an die Tür. »Öffne mir, meine Schwester, meine Freundin, meine Taube, meine Vollkommene, denn mein Haar ist durchnässt vom Tau, meine Locken sind feucht von den Tropfen der Nacht.« »Ich habe mein Kleid schon ausgezogen, soll ich mich wieder anziehen? Ich habe meine Füße gewaschen, soll ich sie wieder schmutzig machen?« Mein Geliebter streckte seine Hand durchs Riegelloch, und mein Innerstes wallte ihm entgegen. Ich sprang auf, um meinem Geliebten zu öffnen. Meine Hände troffen von Myrrhe und meine Finger von bestem Öl, als ich nach dem Riegel griff. (Hhl 5,2-5)

Wem das schon spanisch vorkommt, der sollte jetzt nicht nachfragen, was hier im Hebräischen steht. Hier schweigt nämlich des Dichters Höflichkeit bzw. verbirgt sich hinter der Doppeldeutigkeit des hebräischen Wortes *jad*, das zugleich *Hand*, aber auch *Penis* bedeutet.

Wir merken: Die Bibel hat eine überaus hohe Meinung zu Sinnlichkeit, Sex und Erotik. Das kann man (wenn nicht schon an diesen Schilderungen) auch daran erkennen, dass der christliche Glaube den Leib in besonderer Weise adelt. Unser Leib soll Tempel des Heiligen Geistes sein (1. Kor 6,19). Gott selbst will darin wohnen. Wir sind quasi dazu ausersehen, so eine Art Heiligtum auf zwei Beinen zu sein. Konsequenterweise hoffen wir auch nicht in eine nebulöse Geistigkeit aufzuerstehen, sondern die Auferstehung des Leibes ist Gegenstand des Glaubensbekenntnisses. Da gibt es keine Trennung in Soft- und Hardware, sondern der Leib ist unveräußerlicher Teil unserer Identität. Und Sex gehört dementsprechend nicht als körperliches Überengagement in die Schmuddelecke, sondern will in Gottes Reich den Partnern Freude aneinander schenken, ihre Hingabe vertiefen und Leben spenden. Es ist Teil des Schöpfungsjubels, den wir schon im Paradies hören, als Adam seine Eva in die Arme schließt: Die adäquate Übersetzung für das, was Luther so schön possierlich mit »endlich Fleisch von meinem Fleisch« übersetzt, müsste eigentlich ein lang gezogenes Woooooow! sein.

Und in der Tat: Sex bleibt im Schöpfungsganzen keine Randnotiz: Wir erkennen das in der Schöpfungsgeschichte daran, dass Gott aufgehört hat, Erde und Lehm zu vermischen, aus denen er ursprünglich den Menschen formt. Stattdessen bewerkstelligt er Schöpfung fortan durch Sex und wir Menschen werden daran beteiligt. Unglaublich, oder? Wir Menschen dürfen teilnehmen an Gottes Schöpfung! Und wenn uns auch sonst im Leben vieles misslingen mag – hier gelingt uns endlich mal etwas, das Hand und Fuß hat!

Der Vorwurf, die Bibel sei leibfeindlich, ist komplett aus der Luft gegriffen. Und auch die Aussage, dass Sex in der christlichen Gemeinde in die Schmuddelecke gehöre, ist völliger Blödsinn! Die Bibel feiert den Leib und die Sinnlichkeit. Aber – und das stellt dies nicht infrage, sondern unterstreicht es nur – sie warnt auch vor den Gefahren. Es gibt Missbrauchsformen von Sexualität, die nicht frei und froh machen, sondern im Gegenteil in tiefe Traurigkeit, Abhängigkeit und falsche Bindungen führen. Das gilt ja leider für manches andere auch. Vieles, was wir besitzen, ist im Rahmen des empfohlenen Gebrauchs hilfreich und nützlich. Nur wenn es beginnt, *uns* zu besitzen und wir von ihm besessen sind, dann kehrt sich die Sache plötzlich um.

Nun könnte man sagen: Das ist dann eben Pech ... Andere können bestimmt besser damit umgehen und man sollte hier lieber keine verbindlichen Regeln aufstellen. Soll das doch jeder mit sich selbst ausmachen, frei nach dem Motto: Jeder wird nach seiner Fasson glücklich. Denn, so die dritte irrige Behauptung:

3. Sex ist Privatsache

Was ich in meinem Schlafzimmer mache, geht keinen was an. – Ist das so? Solche Sätze regen immer meine anarchische Fantasie an. Da möchte ich mir am liebsten eine schön plastisch-illustrierte Geschichte ausdenken und behaupten: »Ich hab da so eine kleine Zentrifuge im Schlafzimmer ... An meinem freien Tag reichere ich da gern Uran an ... Und Menschenskind, stellen Sie sich vor, das Zeug hat ja richtig *Wumms*. Und dann bei der Kernschmelze ... all diese Farben, in denen das Schlafzimmer erstrahlt ... da verlässt die Ehefrau auch schon mal den Raum ...«

Aber gehen wir das Thema ernsthaft an: Tatsächlich hat das, was im Schlafzimmer geschieht, erhebliche Auswirkungen auf unsere Gesellschaft und das Gemeinwesen. Und darum geht es uns doch alle an, wie alle folgenreichen Kräfte, die unseren Alltag prägen. Selbst der Staat interessiert sich für die hier wirkenden starken Bindungskräfte und entlastet (wenn auch immer weniger) die Institution Ehe steuerlich, weil sich dort Individuen aus Liebe freiwillig dauerhaft aneinanderbinden und Verantwortung für unser Gemeinwesen übernehmen. Der Staat tut das auch in dem Wissen, dass Sexualität ein Beziehungsklebstoff ist, der die notwendige Stabilität schafft, damit Kinder gedeihen können. Die wiederum sind Garant unseres Generationenvertrages, der

Absicherung unserer Renten, des Fortbestehens des Arbeitsmarktes und der Wirtschaft etc.

Spaltet man diesen Zusammenschluss wieder auf, entsteht erheblicher Schaden, der uns alle trifft. Der offensichtlichste Preis für außerehelichen Sex besteht

- in der unkontrollierten Ausbreitung von Geschlechtskrankheiten,
- in der Versorgungsinstabilität von Kindern – Stichwort ungewollte Schwangerschaften,
- in explosionsartig wachsenden psychischen Erkrankungen wie Süchten und Bindungsängsten oder auch Depression infolge von Schwangerschaftsabbrüchen,
- in der Destabilisierung der kleinsten Gesellschaftseinheit im Staat: der Familie: Denn je rascher eine Beziehung statistisch gesehen sexuell wird, desto größer ist das Risiko des Scheiterns. Ebenso ist bei Paaren, die vor der Ehe zusammengelebt haben, das Scheidungsrisiko höher.

Und einen Preis zahlen wir auch insofern, als untreues bzw. unzuverlässiges Verhalten unseren Charakter prägt, der wiederum Einfluss auf unser soziales Verhalten gegenüber unseren Mitmenschen nimmt.

Fassen wir zusammen: Sex nur zur persönlichen Befriedigung und Erfüllung zu benutzen, schwächt die Fähigkeit des ganzen Staats- und Gemeinwesens, für andere da zu sein. Mitmenschen werden zu Objekten, mit denen wir unsere vorübergehenden Gelüste befriedigen. *Nein, Sex ist nicht Privatsache, sondern Sache der ganzen Gesellschaft!*

Und ich weiß nicht, ob mein Eindruck trügt: Ich finde, die Schadensliste belegt, dass unsere Gegenwartskultur einen reichlich naiven Umgang mit Sexualität pflegt. Da tut ein bisschen biblischer Realismus durchaus gut, möglicherweise gewürzt mit etwas psychologischem Grundwissen. Damit kommen wir zum vierten populären Irrtum im Zusammenhang mit unserem Themenkreis:

4. Sex ist harmlos und macht tierisch Spaß

Das Wort tierisch meine ich dabei ein wenig wörtlicher, als es gemeinhin gebraucht wird. Mir scheint, dass unsere Sexualpädagogik häufig von Vorannahmen geprägt ist, bei denen sich der Mensch vorschnell zum Affen macht. Dann wird Sexualität zu einer tierischen, also naturalistisch-instinkthaften Handlung, der man angeblich mehr oder weniger ausgesetzt ist wie dem Gefühl von Hunger oder Durst. Und im Rahmen dieser Denke gerät man schon an den Rand von Menschenrechtsverletzungen, wenn man auch nur auf den Gedanken käme zu sagen: »Kleinen Moment noch ... Ich mute dir zu, jetzt mal auf Sex zu verzichten.« Dabei geht man irrtümlich davon aus, dass Sex mutmaßlich ein Bedürfnis wäre wie jedes andere auch. Dass wir Menschen aber eine Lerngeschichte haben, nach der Sexualität beim Menschen eine Fähigkeit, ja eine Kunst darstellt, die von klein auf sehr sensibel erlernt wird, gerät dabei aus dem Blick.

Ähnlich wie in anderen Lernfeldern gibt es hier auch starke Entwicklungsmöglichkeiten von einem stark egozentrisch ausgerichteten Blick auf die Sache hin zu einer beziehungsorientierten Sexualität. Und wenn wir von Beziehung reden, dann stellt sich natürlich die Frage, mit wem diese Lernprozesse idealerweise vor sich gehen sollen. Das sind die Fragen, die ich im Biologieunterricht immer vermisst habe, wenn die Lehrerin die Bananen auspackte. Das lag nicht daran, dass ich für das Präservativ zu konservativ war. Sondern hier hätte das naturalistische Affentheater interdisziplinär – soziologisch, psychologisch, ethisch-philosophisch und theologisch – aufgebrochen werden müssen: Wie sollen wir als Menschen leben? Wie finden wir den, mit dem das Unternehmen Sex eine runde Sache wird? Diese Frage kann die biologische Sexualkunde nicht klären, die den Blick auf Mechanismen und ungewollte Schwangerschaften reduziert.

Auf ein mindestens ebenso schwerwiegendes Problem verweist die biblische Schöpfungsgeschichte: nämlich, dass ein Mann Vater und Mutter verlässt und seiner Frau anhängt – *wörtlich: mit* ihr verklebt wird – und die beiden ein Fleisch werden. Die Bibel will sagen: Beim Sex kommt man nicht so aus der Sache raus, wie man reingegangen ist. Da passiert etwas zwischen zweien. Das ist wie ein Zweikomponenten-Kleber. Wenn du das auseinanderreißt, zerstört es beide Teile, weil du das niemals mehr sauber getrennt kriegst. Da bleiben immer Dinge vom anderen hängen, die du nicht mehr loswirst. Das ist wie bei Natrium und Chlor. Die gehen eine Verbindung ein und werden Natriumchlorid, also Kochsalz. Das kriegst du so ohne Weiteres nicht mehr auseinander.

Das wird übrigens durch die Verhaltenspsychologie bestätigt: Der erste sexuelle Kontakt prägt das eigene Bild von Sexualität maßgeblich. Die dabei entstehenden Erregungsmuster werden im Gehirn abgespeichert wie ein Theaterskript, das dann immer wieder abläuft. Diese Muster kann man nicht einfach willentlich ausschalten, weil sie so tief trainiert sind wie Fahrradfahren oder Laufen. Und es ist einfach naiv und verantwortungslos, jungen Menschen zu sagen: »Leute, probiert euch mal aus! Sammelt Erfahrungen, stoßt euch die Hörner ab …!« Es ist nicht egal, mit wem man diese ersten Erfahrungen teilt, die man auch deshalb nicht als lapidar abtun oder gar als »Expertise-Zuwachs« verbuchen sollte, weil sie unsere Seele belasten. Denn mit unserem Leib geben wir dem jeweiligen Partner ein Versprechen, das wir mit unserem Leben hinterher nicht einlösen. – Und damit komme ich zum letzten Punkt:

5. Sex kann ruhig bindungsfrei genossen werden

Das ist der Rat, den unsere Gesellschaft jungen Leuten heute gibt. Sie hat sich für konsensbasierten Sex als kleinsten Nenner ausgesprochen. Also: Wenn keiner dagegen ist, kann man's schon machen. Aber wo bleibt da die Liebe? Die gegenseitige Verantwortung? Die Beziehung? Welche Rolle spielt die gegenseitige Sympathie? Ist das alles wirklich *überengagierter Firlefanz*? Darauf gibt es die Antwort: Konsens und Kondom reichen. Bindung ist nicht nötig ...

Ein merkwürdiger Rat, wenn man im Hinterkopf hat, dass hier ein Hochleistungsklebstoff angerührt wird. Ja, er ist geradezu widersprüchlich und paradox, weil er auf einer Lebenslüge basiert. Oben sagte ich es schon: Der Leib gibt ein Versprechen, den das eigene Leben nicht hält.

Aber wie kommt es dazu? Denn das kann doch eigentlich keiner ernsthaft wollen. Meines Erachtens *hängt dies* mit einer grassierenden Pandemie zusammen, die die Bindungskräfte in unserer Gesellschaft zunehmend zersetzt. Und die heißt nicht Corona! Beim Traugespräch frage ich die Paare immer nach der Art und Weise, wie sie die Beziehungsgeschichte ihrer Eltern erlebt haben, und ob diese ermutigend für ihren eigenen Start in die Ehe ist. Und mancher merkt dann, während er erzählt, dass er da eine ganz schöne Hypothek mit sich herumschleppt und manches im Raum steht, wovor man zurückschreckt. Bindungsängste nennen das die Psychologen. Und diese Ängste steigen mit der Anzahl an gescheiterten Beziehungen in unserem Umfeld natürlich exponentiell an. Das ist nicht verwunderlich. Wenn man es um sich herum *überall* knallen sieht, dann wird man selbst auch unsicher. Und dann wird die Trennung zum Normalfall.

Nun kann man sehr vordergründig denken: Das ist ja zum Glück nicht das Thema der beiden Trauwilligen. Denn schließlich sitzen die ja zu zweit beim Pfarrer und sind also bindungsbereit. Aber die Sache ist komplizierter: Bei dem, was wir in anderen Menschen sehen, sind nicht nur unsere Sinnesorgane im Spiel, sondern auch unser zum Teil von unbewussten Emotionen gesteuerter Wille. Wie oft habe ich schon den folgenden Satz gehört: »*Hier ist jetzt endlich der Partner, der mich glücklich macht* ... Und der ist natürlich total pflegeleicht, stets kerngesund und ausgeglichen und, oh Wunder, ohne größere emotionale Bedürfnisse und Probleme. Komisch eigentlich: so ganz anders als ich ...«

In solchen Momenten kann man entweder in Ehrfurcht zu Boden sinken und ausrufen: »Wo haben Sie bloß diesen durch und durch heiligen Menschen abgegriffen? Was heißt Mensch? Das muss ein Engel sein! – *Völlig ohne Macken und Marotten, frei von jeglichem Egoismus! Da kann man ja nur gratulieren.*« Oder man beginnt zu überlegen: Niemand sonst, der hinreichend lange verheiratet ist, weiß so etwas von seinem Partner zu berichten. Ob der Blick möglicherweise verklärt ist? Ob hier vielleicht etwas idealisiert wird, weil man es sich aus Angst einfach nicht eingestehen kann, dass es zwischen zwei Menschen auch einmal zu Spannungen kommen kann? Aber warum diese Angst? Und wovor? Weil das Reden oder gar ein Konflikt über eigene Erwartungen, Sorgen und blinde Flecken womöglich die ganze Beziehungskiste hochgehen lässt – wie all die anderen, die wir links und rechts am Wegesrand haben platzen sehen? Manch einer denkt dann: Den Trennungsschmerz tu ich mir nicht an und idealisiere lieber, damit mir die Wirklichkeit niemals, niemals in die Quere kommen kann.

Andere lassen es deshalb erst gar nicht zur Beziehung kommen, sondern legen die Latte für das Anforderungsprofil der künftigen Traumprinzessin auf Weltrekordhöhe, sodass man tunlichst Single bleibt und sich nicht binden muss. Und wenn doch, dann *hält man an der jeweiligen* Beziehung immer nur so lange fest, bis die Verliebtheit verfliegt und der zunehmend realistische Blick auf den anderen oder die andere einfach unerträglich wird. Dabei entstehen in einem mehr und mehr säkularisierten Umfeld Beziehungskonstellationen, in denen zur Romantisierung der Ehe paradoxerweise eine Sakralisierung dazukommt. Man erwartet vom Partner gleichsam Erlöserqualitäten. Warum ist das so?

Früher war Gott für den Sinn des Lebens, unsere Zukunftshoffnungen und unsere Identität zuständig. Diese Erwartungen werden jetzt auf den armen Partner projiziert: »Du sollst mich glücklich machen! Unsere Beziehung wird mich erlösen!« – Der Partner wird zum Gott. Er soll die eigenen

Defizite ausgleichen und Dinge bewerkstelligen, die allein Gott kann. Was für eine himmelschreiende Überforderung! »Du füllst des Lebens Mangel aus« dichtete einst Paul Gerhard mit Blick auf Gott. Heute hört man das in tausend Variationen in säkularer Liebeslyrik.

Fazit: … dass ihr die Liebe nicht aufweckt und stört, bis es ihr selbst gefällt.

Wie könnte es stattdessen gehen? Die Bibel gibt uns einen guten Hinweis: *Ihr Mädchen von Jerusalem, ich beschwöre euch bei den Gazellen und den Rehen des Feldes, dass ihr die Liebe nicht aufweckt und stört, bis es ihr selbst gefällt* (Hld 2,7). Die Gazellen lassen wir jetzt mal weg und sagen etwas weniger lyrisch: Liebe Verliebte, seht zu, dass die Leidenschaft zwischen euch nicht zu früh hochkocht! Bewahrt euch, solange es geht, den weiten Blick für euren Partner oder eure Partnerin: Lernt euer Gegenüber in realistischer Umgebung kennen, am besten in vielen Alltagssituationen. Und sucht den Rat von beziehungserfahrenen, euch nahestehenden Menschen, die euch vielleicht auch ein wenig Einblick in ihre »Ehewerkstatt« gewähren. Die Ehe ist wunderbar. Aber sie ist auch ein ganzes Stück Arbeit und Kampf gegen sich selbst. Und bevor ihr *Klebstoff anrührt,* stellt sicher, dass ihr vom Wesen, den Zukunftsplänen und der Lebensaufgabe eures Partners angezogen seid. Das braucht Zeit und dazu sollte man alle Sinne beieinanderhaben. Vorschneller Sex birgt die Gefahr, sehr tiefe Gefühlsbindungen für den anderen zu entwickeln, bevor man sich überhaupt richtig kennengelernt hat.

Die Bibel versteht Sexualität als etwas, das die ganze Persönlichkeit des Partners in Anspruch nimmt; und gleichzeitig ist sie eine einzigartige Form der Selbstenthüllung und des hingebenden Einsatzes der eigenen Person. Welchen vernünftigen Grund kann es geben – unvernünftige fallen einem natürlich viele ein –, das mit jemandem zu tun, mit dem man nicht das ganze Leben teilen will? Auf dem Hintergrund dieser Frage können wir uns das Nachdenken über Konstellationen, wo überhaupt keine Bindung angestrebt wird, von vornherein schenken!

Lassen Sie uns das mal zu Ende denken: Da bin ich plötzlich mit einem zusammengespannt und merke, das passt überhaupt nicht. Aber lösen kann ich mich auch nicht so richtig, weil ich emotional inzwischen eine so tiefe Bindung eingegangen bin. Gleichzeitig muss ich mich nun vor diesem Menschen innerlich wappnen, weil ich ihm gegenüber mein Herz nun schon so weit geöffnet habe. Lauter Widersprüche! Und wenn ich dann doch den Absprung schaffe und später endlich den richtigen Partner finde, spukt mir diese alte Beziehung im Kopf herum. Schlimmer noch: Ich stelle außerdem schmerzhaft fest, dass die *Klebewirkung* mit jedem neuen Partner sukzessive nachlässt, weil die neuronalen Muster nicht mehr mit der Intensität gebildet werden wie am Anfang unserer sexuellen Lerngeschichte.

Die Bibel rät uns, die Liebe nicht aufzuwecken und zu stören, bis es ihr selbst gefällt. Das ist nicht Gottes Missgunst und auch keine Spaßbremse, sondern der Rat unseres Schöpfers, der uns geformt und designt hat. Denn Gott ist ein Gott der Treue und der Liebe. Und der steht naturgemäß total auf Bindung, weil Treue und Liebe nun einmal Voraussetzung für Bindung sind. Ich glaube jedenfalls, dass wir als seine Ebenbilder gut beraten sind, ihm darin zu folgen.

Teil 2:

Heiraten oder lieber doch nicht?

Wenn es in der Beziehung paradiesisch läuft, ist alles super. Aber mir ist aufgefallen, dass selbst im Paradies nicht alles perfekt war. Da ist der einsame Adam, der sich nach einer Beziehung sehnt, die ihn auf einer anderen Ebene ausfüllt, als es mit den bis zu diesem Zeitpunkt geschaffenen kriechenden, hüpfenden und herumlaufenden Wesen möglich ist. Und Gott sagt deshalb zwar am Ende beim Begutachten der Schöpfung: Alles ist *gut*, der Mensch sogar *sehr gut*. Aber eins stimmt immer noch nicht. Da muss nachjustiert werden. Und Gott hat eine coole Idee und beschließt (Gen 2,18-25):

> *Es ist nicht gut, dass der Mensch allein sei; ich will ihm eine Hilfe machen, die ihm entspricht. Und Gott der HERR machte aus Erde alle die Tiere auf dem Felde und alle die Vögel unter dem Himmel und brachte sie zu dem Menschen, dass er sähe, wie er sie nennte; denn wie der Mensch jedes Tier nennen würde, so sollte es heißen. Und der Mensch gab einem jeden Vieh und Vogel unter dem Himmel und Tier auf dem Felde seinen Namen; aber für*

den Menschen wurde keine Hilfe gefunden, die ihm entsprach. Da ließ Gott der HERR einen tiefen Schlaf fallen auf den Menschen, und er schlief ein. Und er nahm eine seiner Rippen und schloss die Stelle mit Fleisch. Und Gott der HERR baute eine Frau aus der Rippe, die er von dem Menschen nahm, und brachte sie zu ihm. Da sprach der Mensch: Die ist nun Bein von meinem Bein und Fleisch von meinem Fleisch; man wird sie Männin nennen, weil sie vom Manne genommen ist. Darum wird ein Mann seinen Vater und seine Mutter verlassen und seiner Frau anhangen, und sie werden sein ein Fleisch. Und sie waren beide nackt, der Mensch und seine Frau, und schämten sich nicht.

Wir können also vorläufig festhalten: Haustiere sind auch nicht die Lösung – was mich an ein Gespräch mit einem Flüchtling erinnert, der mal bei uns im Pfarrhaus untergebracht war. Der war nämlich völlig entgeistert darüber, dass in Deutschland offenbar Menschen allen Ernstes Hunde mit in ihre Häuser nehmen, sogar mit ihnen sprechen und ihre ganze Liebe über sie ausschütten. Das fand er unerhört. In seiner Heimat, so erklärte er mir, würde man nur nach dieser Straßenplage treten, wenn man ihnen auf der Straße begegnete. Er fand unseren Haustier-Spleen offenbar höchst suspekt … Und auch Adam kann sich nicht mit einem Mops anfreunden, sondern will offenbar mehr. Und so nimmt die Rippchen-Geschichte, also die große epische Suche nach der verlorenen Rippe, ihren Lauf.

1. Total verliebt: Du sollst mich glücklich machen!

Ich muss dabei an manches Traugespräch denken, aber auch Gespräche im Bekanntenkreis, wenn zwei erzählten, wie sie sich kennengelernt haben. Na klar, es war natürlich *Liebe auf den ersten Blick!* Und dann denke ich: Was ist das eigentlich, was wir *Liebe* nennen? Ist das emotionale Bewegtheit, der Wunsch, dass mir ein anderer bedingungslos Zuneigung entgegenbringt? Das ist dann doch eher Verliebtheit, dieses rauschhafte Gefühl, dass mich einer mag und ich mich nun mit seinen Augen ansehen kann. Adressat des Verliebtseins bin ich also gewissermaßen selbst. Das hilft über manches hinweg, was ich selbst an mir mit weit kritischeren Augen wahrnehme. Aber ist das schon Liebe?

Ich fürchte nicht, denn schließlich kenne ich den anderen/die andere ja noch gar nicht wirklich! Das braucht Jahre. Vorläufig liebe ich eher eine Vorstellung von diesem Menschen. Und weil ich ihn nicht richtig kenne und er mich nicht, bieten wir einander riesige Projektionsflächen für unsere Wünsche und Fantasien. Man setzt sein bestes Gesicht auf, begegnet sich möglichst in idealen, stressfreien Freizeit-Situationen.

Das lässt viel Platz zum Träumen und man kann die lästige Realität auch gut mal hintanstellen ...

Wovon wird gemeinhin geträumt? Besonders beliebt ist der Traum vom Partner, der mich glücklich machen soll; der all die Unzulänglichkeiten ausbügelt, die mich in meinem Leben zurückwerfen; der meine innere Leere ausfüllt und mit seinem Esprit Freude in mein Leben bringt. Wenn ich solche Aussagen in Traugesprächen höre – und das kommt häufig vor –, beschleicht mich stets ein mulmiges Gefühl. Die meisten Menschen sind nämlich hoffnungslos damit überfordert, als Glückslieferant oder Sinnstifter für andere herhalten zu sollen. Da wird ihnen eine Rolle zugedacht, die eigentlich Gott zukommt. Wenn wir in unserem Leben Dinge oder Menschen zum Mittelpunkt machen, überfordern wir sie und geraten gleichzeitig in eine falsche Abhängigkeit. Die Bibel nennt das Vergötzung. Ein solches Verhalten führ stets zu Abhängigkeiten und zu viel Leid noch dazu.

2. Der Lack ist ab: Wenn dein Pferd tot ist, steig ab!

Das Leid, von dem oben die Rede ist, bringt andere zu der Überzeugung, dass die Liebe sowieso ein flüchtiges Gut ist und man am besten gar nicht erst heiratet. Denn jeder kann ja sehen, dass sich Liebesbeziehungen ihrer Natur gemäß nach einiger Zeit ohnehin wieder abkühlen. Am Anfang hängt der Himmel vielleicht noch voller Geigen, alles vibriert, man hat Schmetterlinge im Bauch, aber das hält ja nicht an! Die Geigen sind verstimmt und die Schmetterlinge stürzen ab. Man lebt sich auseinander und irgendwann ist Feierabend. Wenn dieser Fall eintritt, wäre es ja äußerst misslich, wenn man nun dauerhaft durch diese antiquierte Institution Ehe zusammengespannt wäre. Nein, nein, Cowboy, lebe lieber nach der Devise: »Wenn dein Pferd tot ist, steig ab!«

Oder man akzeptiert von vornherein resignativ das Modell einer Art serieller Polygamie. Das Leben hat Abschnitte und Phasen. Und der jeweilige Lebenspartner passt zur jeweiligen Phase, bis das Erregungsniveau entsprechend abgeflacht ist und man sich neu auf die Suche nach dem Glück macht. Was hier geschieht, hat mit dem biblischen Verständnis von

Ehe und Beziehungen nicht viel zu tun. Beziehungen werden im Grunde als *Ort der romantischen Selbstverwirklichung* verstanden und nach Art des Sachen- und Konsumrechts gehandhabt: Der Subtext trotz aller etwaigen Treueschwüre lautet: Unsere Beziehung hat Bestand, solange ich als Käufer bzw. Nutzer meine Bedürfnisse zu einem akzeptablen Preis befriedigen kann. Bietet ein anderer Anbieter eine bessere Performance zum selben Preis, besteht keinerlei Verpflichtung, die alte Geschäftsbeziehung weiter aufrechtzuerhalten. Mit anderen Worten: Wenn das Gras irgendwo anders grüner ist, dann bin ich weg!

Genesis 2 gibt uns sehr deutlich zu verstehen, dass auf diesem Nährboden echte Liebe nicht gedeihen kann. Denn Liebe braucht Sicherheit und Verbindlichkeit, damit sie überdauert. Und davon braucht sie in der Tat eine ganze Menge! Das heute vielfach gängige Beziehungsverhalten erinnert mich an eine Szene aus meiner Schülerzeit: Ich hatte schon immer Spaß an exotischen Autos und fuhr als Abiturient eine große, fast fünf Meter lange Limousine. Da das Ding aber so versoffen war, dass seinerzeit selbst den Besitzern eines solchen Vehikels, die einen gut bezahlten Job hatten, dazu geraten wurde, einen Tankwart als Freund zu gewinnen, hatte ich natürlich keinerlei Geld für Reparaturen. Und so blieb diese Katastrophen-Limo immer wieder mal liegen. Einmal kam ein Freund, um mich abzuschleppen. Der hatte einen »R4«, einen Kleinstwagen. Das war schon ein Problem. Das weit größere Problem war aber: Der hatte keine Abschleppöse! Und mein Freund hatte dann eine fatale Idee: »Wir binden das Abschleppseil an meinen Fahrersitz!« Was dann rauskam, ahnen Sie: der erste Renault mit eingebautem Schleudersitz. Wir haben den Sitz mit meiner 2-Tonnen-Möhre beim Anfahren souverän gezogen, wie einen faulen Zahn. Am Ende blieben wir beide liegen.

Das war ein Abschleppmanöver, das als ein Sinnbild für so manche Beziehungskiste herhalten kann:

1. Da sind zwei, die überschätzen ihrer Kräfte maßlos.

2. Die gewählte Form der Verbindung zwischen den zweien ist nicht stark genug.

3. Am Ende bleiben beide liegen. Es gibt nur Verlierer.

3. Besser abschleppen: Der Bund fürs Leben

Wie machen wir es besser? Die Bibel hält hier etwas für uns bereit, das in dem unscheinbaren Wort *»anhangen«* beschrieben wird: Da heißt es: *»Darum wird ein Mann seinen Vater und seine Mutter verlassen und seiner Frau anhangen, und sie werden sein ein Fleisch.«* (Gen 2,24) In sehr wenigen Worten sagt die biblische Sprache hier ungeheuer viel aus. Die Autoren des Buches Genesis waren alles andere als geschwätzig. Hier sitzt jeder Satz und beinahe jedes Wort hat seine eigene Pointe. Allein über das Wort *verlassen* könnte man lange reden.

Aber jetzt: *anhangen*: Ein Mann hängt seiner Frau an und die beiden werden *ein Fleisch*. Das ist ein juristischer Begriff. Anhangen ist ein Terminus technicus aus dem antiken Bundesrecht. Ein Bund ist eine Verbindung von zweien, die vor einem Dritten, in der Regel Größeren, mit Sanktionskompetenz geschlossen wird. Dieser Dritte ist also gemeinhin mächtig und fähig, den Bestand dieses Bundesschlusses abzusichern. Hier geht es um den Bund der Ehe, der vor Gott geschlossen wird. Also nicht bloß horizontal zwischen zwei Menschen, sondern vertikal vor Gott. Zwei Menschen geloben einander vor dem treuen Gott etwas sehr Außergewöhnliches: nämlich einander lebenslang, »ewig« (das Wort Ehe kommt von ewig) treu zu sein. Dieses Eheversprechen wird in der kirchlichen Liturgie mit Bedacht in Blickrichtung zum Pfarrer gesprochen, nicht etwa zum Partner. Denn es will nicht als eine augenblickliche Wasserstandsanzeige der eigenen emotionalen Bewegtheit verstanden werden, sondern als Bekundung des eigenen Willens vor Zeugen, *dies auch in Zukunft und im erwartbaren Wechsel der Gefühle aufrechtzuerhalten. Also auch* über *Durststecken hinweg und in Zeiten, in denen man aneinander schuldig wird.* Mit anderen Worten: »in guten und in schlechten Zeiten«. Dieses Versprechen geben wir Gott und bitten ihn zugleich, dass er uns Kraft für dieses wahrhaft übermenschliche Unternehmen gibt.

Wir merken: Die Ehe ist eine recht robuste Abschleppöse, die aus Willen, Gefühl und »institutionellen Rückhaltesystemen« geschmiedet ist und uns dadurch gegen alle unsere menschlichen Schwächen und, ja, auch Bosheit dabei hilft, Schleudersitz-Momente in unserer »Beziehungskiste« zu vermeiden. Und wir erkennen gleichzeitig, wie naiv es ist, wenn kirchliche Trauungen für romantischen Kitsch herhalten müssen und sich das Traupaar in ausufernden Schilderungen seine *gegenwärtige* Anziehung gesteht. Als ob das als Vorrat ausreichen würde, um vielleicht vierzig oder fünfzig Jahre einen gemeinsamen Weg zu gehen. Woher soll ich wissen, wie mein Ehepartner in vierzig Jahren sein wird! Damit sind nicht etwa nur die Folgen der Schwerkraft gemeint, die auf den menschlichen Körper einwirken. Man könnte es auch durchaus so sagen: Ich lebe heute mit einer anderen Frau zusammen als zu Beginn meiner Ehe – auch wenn sie dieselbe Person ist. Menschen erleben und erleiden im Laufe der Jahrzehnte so manches, was sie prägt und sie verändert, auch äußerlich.

Unser Ehegelöbnis dient übrigens mitunter auch für die »Odysseus-Momente«, die im Leben aller Wahrscheinlichkeit nach kommen werden: Wo ich mich aufgrund meines Gelöbnisses wie Odysseus an einen Mast ketten lasse, damit die Sirenen, die verführerisch schrillen, aber auch die ganz subtilen, mein Lebensschiff nicht zum Kentern bringen. Ich habe es ja selbst in der Hand, dass ein Gefühl des Hingezogenseins nicht zur Affäre wird, und die Erinnerung an mein Versprechen kann dabei entscheidende Impulse liefern. Natürlich denkt ein hochzeitswilliges Paar an diesem Tag nicht an solche Odysseus-Momente, an Momente der Versuchung, des Schwachwerdens und der Anfechtung – das wäre vielleicht auch zu viel verlangt. Aber das ist dann vielleicht auch die besondere Verantwortung der Älteren in der Gemeinde, hier die Jüngeren beiseitezunehmen und aus der Perspektive eigener Lebenserfahrung daran zu erinnern, dass das Leben in den seltensten Fällen einfach so glatt verläuft und dass der öffentliche Charakter der Institution Ehe gleichsam der Knoten im Taschentuch sein kann, der verhindert, dass uns das Leben an kritischen Wegkreuzungen einfach entgleitet.

4. Durchstarten in eine starke Zukunft zu zweit: versprechen und verlassen

Mancher könnte jetzt vielleicht kalte Füße bekommen und sagen: Wenn das alles so risikobehaftet, angefochten und vor allem anstrengend ist – ist es das wirklich wert? Folgender Gedanke des Schriftstellers W. H. Auden scheinen mir in diesem Zusammenhang bedenkenswert:

> »Wie alles, was nicht das unbeabsichtigte Ergebnis vorübergehender Gefühle, sondern eine Schöpfung der Zeit und des Willens ist, ist jede Ehe (ob sie nun glücklich ist oder nicht) unendlich interessanter als jede Romanze, wie leidenschaftlich sie auch sei.«[1]

Die Basis unserer Identität beruht auf den Versprechen, die wir machen. Wir sind wesentlich die Menschen, die wir durch das Geben und Halten weiser Versprechen werden. »Wenn jemand einen Eid schwört, hält er sein eigenes Ich in seinen Händen wie Wasser, und wenn er die Finger öffnet,

---

[1] Dieses Zitat und die folgenden Erwägungen zum Stellenwert von Versprechen verdanke ich dem Abschnitt »Die Macht der Versprechen« aus Timothy & Kathy Keller: *Ehe. Gottes Idee für das größte Versprechen des Lebens*, Gießen 2019 (6. Aufl.), S. 88-90.

dann braucht er gar nicht erst darauf zu hoffen, sich wieder zu finden.« (Robert Bolt) Wer seine Versprechen nicht hält, ist auch nicht fähig, seine Identität zu bewahren. Im Versprechen begrenze ich meine jetzigen Optionen, um wunderbare, vollwertige Optionen in der Zukunft zu haben. Ich begrenze meine Freiheit jetzt, um in der Zukunft für Menschen da sein zu können, die mir vertrauen. Das ist der Nährboden, auf dem Liebe wachsen und gedeihen kann, selbst in Dürreperioden. Gerade hier erinnern wir uns daran, dass die Ehe im Kern ein Bund ist: ein Ehrenwort für die kommende Zeit, ein Versprechen zukünftiger Liebe. Auch wenn mir gerade nicht nach Zärtlichkeit zumute ist, nehme ich mir vor, in meinem Verhalten zärtlich, verständnisvoll, vergebend und hilfsbereit zu sein. Meine Gefühle werden dann konstanter werden, weil ich mir vorgenommen habe, diesen Menschen lieben zu *wollen*. Aus Handlungen kann dann eine Haltung erwachsen. Das gibt menschlicher Existenz Dauerhaftigkeit.

Der Ehebund ist, wie gesagt, dadurch charakterisiert, dass ein Mann seiner Frau anhängt, wörtlich mit ihr »zusammenklebt«, wie mit einem Zweikomponenten-Kleber. Aber diese Klebewirkung wird nach Genesis 2 erst durch eine besondere Voraussetzung ermöglicht: dass die Ehepartner nämlich vorher ihre alten Beziehungsverhältnisse vollständig *verlassen*, um eine neue Einheit zu bilden. So wie wir beim Reparieren vorher avisierte Klebestellen reinigen und von Fett befreien, so müssen zukünftige Ehepartner sich möglicherweise alter »Klebekontakte« entledigen:

- Das kann die sprichwörtliche Schwiegermutter sein, die sich einfach nicht von ihrer Tochter lösen kann und ständig »mit Rat und Tat« in die neue Einheit hineinfunkt.

- Das können aber auch Gewohnheiten aus dem eigenen Elternhaus sein, die man selbstverständlich mit in die Ehe bringt: etwa Streit- oder Kommunikationsmuster, die nun plötzlich in der neuen Beziehung für Irritationen sorgen oder zu Missverständnissen führen und den neuen Klebstoff, sozusagen »die Chemie«, unterminieren.

- Das können ehemalige, vor allem sexuell gewordene Beziehungen sein, deren Einfluss und Macht man nicht unterschätzen sollte und die nun gleichsam mit im Ehebett liegen! Manchen Paaren hat es geholfen, sich in einem seelsorgerlichen Gespräch von derlei Belastungen aktiv zu lösen.

- Oder – ein Klassiker besonders in abgekühlten Ehen – wenn Kinder zu einer Art Pseudopartner, meist der Mutter, werden. Wenn sich das Bedürfnis nach Liebe und Zuneigung auf die Kinder konzentriert und der Ehemann nun den Eindruck gewinnt, dass der Partner lieber Mutter ist als Ehefrau. Das führt zu sehr merkwürdigen und auf jeden Fall unguten Allianzen, da die Ehe geschwächt wird und dazu noch die Kinder überfordert werden. Ein anschauliches Beispiel dazu wurde mir vor Augen geführt, als meine Familie und ich vor

> einiger Zeit den ehemaligen Landsitz von Winston Churchill besichtigten. Da war nämlich zu erfahren, dass Churchills Ehefrau diesen ohne Zweifel wunderschönen Ort und das beeindruckende Anwesen wegen des dort zu erwartenden ländlichen Lebensstils von Anfang an nicht geschätzt habe. Churchill setzte den Kauf damals trotzdem durch, indem er seine Kinder fragte: »Kinder, gefällt euch das?« Dreimal dürfen Sie raten, wie die angesichts von Wald und Wiesen und jeder Menge Viehzeugs geantwortet haben, zumal es erschwerende Gegenargumente wie eingeschränkter Handyempfang und schlechtes Internet ja noch nicht gab ... So macht das ein guter Politiker: Er sucht sich Mehrheiten. Ein guter Ehemann entscheidet hingegen gemeinsam mit seiner Frau.

Zurück zum Ausgangsthema: Die Aufforderung der Bibel, Vater und Mutter *zu verlassen,* steht *pars pro toto* für die Notwendigkeit, uns von den Beziehungen, Bindungen und auch Gebundenheiten (hiermit sind z. B. Süchte gemeint) der Vergangenheit zu lösen, die noch an uns kleben. Denn je mehr Beziehungen in unseren Ehebund hineinfunken, desto mehr verliert unsere Ehe an Haftung. Man muss sich erst lösen, um woanders »kleben« zu können, d. h. sich neu und voll zu engagieren.

Dann ist der Weg offen für eine Liebe, die sich in gegenseitiger Treue geborgen weiß und deshalb zwei Menschen dauerhaft zu einer Einheit verbindet. *Ein Fleisch* werden die Partner: als Mann und Frau irreversibel verbunden zum ganzheitlichen Menschen in sozialer, wirtschaftlicher und leiblicher Einheit. Darin spiegelt sich unsere Ebenbildlichkeit zum dreieinigen Gott wider: nämlich in der versöhnten Verschiedenheit von Mann und Frau. So wie der wahre Gott nur in der liebenden Verbindung von Vater, Sohn und Geist erscheint, so ist der wahre Mensch in der komplementären Verbindung von Mann und Frau ganz und erfüllt Mensch. Ohne das andere Geschlecht fehlt uns etwas. Und wir gewinnen diese Einheit, so viel macht die Bibel deutlich, weder (gesellschaftlich) zurück im Geschlechterkampf noch (persönlich) im Rosenkrieg, sondern allein in der Liebe, die auf nicht weniger zielt als auf ewige Treue. So wahr uns Gott helfe!

Teil 3:

Schöner lieben in der Ehe – Das Paradies ist nicht genug!

Wir schauen uns jetzt den biblischen Klassiker an, wenn es um kirchliche Trauungen geht: Epheser 5,21-33. Und doch stelle ich fest: Der Text wird immer mehr zum Exoten, zum raren Wild, zu einer wahrhaft exklusiven Kostbarkeit in der freien evangelischen Wildbahn. Wenn Paare ihn beim Traugespräch nämlich zu hören bekommen, dann stutzen sie häufig, schauen sich vielsagend an und fragen verlegen hüstelnd nach Alternativen: »Herr Pfarrer, können wir da nicht was anderes nehmen ...?« – Bei der Lektüre des folgenden Bibeltextes werden Sie verstehen, was da den jungen Heiratswilligen Unwohlsein bereitet:

> *Ordnet euch einander unter in der Furcht Christi. Ihr Frauen, ordnet euch euren Männern unter wie dem Herrn. Denn der Mann ist das Haupt der Frau, wie auch Christus das Haupt der Gemeinde ist – er hat sie als seinen Leib*

gerettet. Aber wie nun die Gemeinde sich Christus unterordnet, so sollen sich auch die Frauen ihren Männern unterordnen in allen Dingen. Ihr Männer, liebt eure Frauen, wie auch Christus die Gemeinde geliebt hat und hat sich selbst für sie dahingegeben, um sie zu heiligen. Er hat sie gereinigt durch das Wasserbad im Wort, damit er für sich die Gemeinde herrlich bereite, die keinen Flecken oder Runzel oder etwas dergleichen habe, sondern die heilig und untadelig sei. So sollen auch die Männer ihre Frauen lieben wie ihren eigenen Leib. Wer seine Frau liebt, der liebt sich selbst. Denn niemand hat je sein eigenes Fleisch gehasst; sondern er nährt und pflegt es wie auch Christus die Gemeinde. Denn wir sind Glieder seines Leibes. »Darum wird ein Mann Vater und Mutter verlassen und an seiner Frau hängen, und die zwei werden ein Fleisch sein« (1. Mose 2,24). Dies Geheimnis ist groß; ich deute es aber auf Christus und die Gemeinde. Darum auch ihr: ein jeder liebe seine Frau wie sich selbst; die Frau aber habe Ehrfurcht vor dem Mann.

Du lieber Himmel! Sie haben's auch gemerkt: Unterordnung! Ein Sakrileg in einer Gesellschaft, in der Gleichberechtigung, Autonomie und Selbstverwirklichung zum höchsten Wert erhoben sind. Dieser Text funktioniert in unserer Selfie- und Ich-AG-Kultur einfach nicht mehr. Damit können wir im Grunde die Delete-Taste drücken. Oder doch lieber nicht? Vielleicht haben Sie ja auch dieselben vorsichtigen Zweifel wie ich, dass die Kultur, in der wir leben, uns im Letzten doch nicht umfassendes Glück und den Weltfrieden beschert. Und möglicherweise teilen Sie mit mir die Vermutung oder Sie sind doch von einer gewissen Restsehnsucht erfüllt, dass wir hier hinsichtlich unserer Ehen vom Erfinder der Ehe noch etwas lernen können.

Versuchen wir es mal mit Mannschaftssport, dem die Ehe ja auch irgendwie zuzurechnen ist. Stellen Sie sich vor, unser Nationaltorhüter würde sich der taktischen Marschroute des Bundestrainers nicht *unterordnen* (da ist das böse Wort), sondern sagt sich: Gejubelt wird doch immer beim Tor. Durch meine Position dahinten habe ich viel zu selten die Gelegenheit, eins zu schießen. Ich muss aber auch an mich denken: Ab heute werdet ihr den Manuel stürmen sehen ... Absurder Gedanke, oder? Absurd aber nur deshalb, weil wir wissen: Glück im Sport erwächst aus Erfolgen. Erfolge im Fußball sind aber ohne präzise Zuordnungen (d. h. *Unterordnung* in eine Mannschaftsdisziplin!) nicht zu haben. Und wie ist es im Leben, wie läuft's da? Wie finden wir da Glück? Mit den Ellenbogen? Durch resolutes Durchsetzen unserer Interessen? Nach dem Motto: »Wenn alle an sich denken, ist an alle gedacht«? Oder eher doch so, wie es Paulus beschreibt, durch Liebe, die sich in Hingabe, Selbstlosigkeit und eben jener heute so in Misskredit geratenen Unterordnung zeigt?

Der hier zugrunde liegende griechische Begriff für Unterordnung stammt aus dem Bereich des Militärischen: Der Soldat stellt seine Kraft und seine Zeit in den Dienst der Truppe um des höheren Zieles willen. Und wenn Paulus diesen Begriff auf die Ehe anwendet, verbindet er damit die Annahme, dass der Einzelne sein Lebensziel durch Unterordnung in jene höchst merkwürdige, spannungsreiche, komplementäre, auf Liebe und Respekt angelegte Gemeinschaft eher realisiert, als wenn er allein bleibt und sein eigenes Ding macht!

Wie diese Liebe im Einzelnen aussieht, wollen wir nun näher betrachten. Vielleicht erinnern Sie sich an die Art von Zeichnungen, die jeweils vor einem leicht rosa Hintergrund ein Pärchen zeigten. Und darunter war zu lesen »Liebe ist ...«

Paulus hätte hier drei Sticker beigesteuert:

- Eheliche Liebe ist regenerativ.
- Eheliche Liebe beruht auf Vielfalt.
- Eheliche Liebe gründet auf echter, wahrhaftiger Freundschaft.

1. Eheliche Liebe ist regenerativ

Dies ist der Kerngedanke von Paulus. Die Ehe, wie Paulus sie beschreibt, wurzelt in einer geistlichen Erfahrung, die uns als Kraftquelle dienen soll. Es geht hier also nicht um eine Wald-und-Wiesen-Ehe, sondern um die christliche Ehe. *Es geht um die Erfahrung, die die Gemeinde mit Jesus gemacht hat*. Wer diese Erfahrung nicht kennt, für den ist sie bestenfalls ein irritierend abständiges Beispiel aus einem religiösen Paralleluniversum: Lieben wie Jesus? Wer kann das schon? Das Aufrufen höchster Ideale – anders kann es dann nicht verstanden werden – ist der beste Weg zur Frustration: »Herr Pfarrer, wir sind doch alle keine Engelein. Haben Sie das für uns auch mit kleinerer Münze ...?« Schnell kommt dann der Ruf nach einem anderen, »lebensnaheren« Text.

Für die christliche Gemeinde – und damit meine ich nicht die Vereinigung der Kirchensteuerzahler, sondern diejenigen, deren Herz Jesus durch sein Opfer am Kreuz gewonnen hat und die deshalb fortan mit ihm verbunden bleiben wollen, indem sie zu ihm beten und sein Wort bedenken – für Christen ist dieser Text eine beständige Kraftquelle, also im besten Sinne »regenerativ«: Sie orientieren sich daran und werden aufgerichtet. Sie tanken auf in der Liebe eines Gottessohnes, der auf seine Autorität, Würde und Macht an der Seite des

Vaters verzichtet und Mensch wird. Sie werden dankbar inspiriert von seiner hingebungsvollen Liebe gegenüber seiner Gemeinde, die dorthin geht, wo es wehtut. Dieser Jesus liebt uns auch dann noch, wenn bei uns, den Zöllnern, Pharisäern und Ehebrechern dieser Welt, wenig Liebenswertes zu finden ist. Er liebt uns selbst dann noch, wenn sein Bemühen um uns auf wenig Gegenliebe stößt und wir ihn fallen lassen wie eine heiße Kartoffel. Für wen hätten wir uns wohl entschieden, wenn wir vor der Frage gestanden hätten »Wollt ihr Jesus oder Barabbas«? – »Och, wir nehmen Barabbas. Bei so einem fühlen wir uns doch mehr bei unseresgleichen ...«

Wir haben es also bei Jesus mit der Erfahrung einer Liebe zu tun, die sich hingibt und unterordnet: die uns dient, auch wenn wir mal unter unseren Möglichkeiten bleiben. Der uns sogar dann noch liebt, wenn wir völlig neben der Spur sind. Und solche Zeiten gibt es – gerade auch in der Ehe! Und dann ist es wichtig, dass wir die Rechtfertigung für die »Liebens-Würdigkeit« unseres Partners nicht aus seinem Verhalten ziehen, sondern aus unserem Eheversprechen, das in der Erfahrung von Gottes unwandelbarer Treue wurzelt. In der Bibel wird Gott beschrieben als derjenige, der *uns zuerst geliebt* hat, auch dann schon, *als wir noch Feinde waren*. Damit wir auch in den schweren Zeiten unserer Ehe zu unserem Partner stehen und an ihm festhalten, braucht es diese regenerative Quelle der Verbundenheit mit unserem Gott. Klammern Sie sich dann an dieses Versprechen *zukünftiger* Liebe über alle momentane emotionale Gefühllosigkeit hinaus! In Krisenzeiten kommt es darauf an, dass wir unseren Partner gewissermaßen »erlösen« aus seiner momentanen Herzensverhärtung und ihn mittels einer Liebe durchtragen, die eben *nicht von dieser Welt* ist. Den Partner, die Partnerin so lieben kann aber nur der, der sich selbst geliebt weiß. Und wenn diese Liebe nun krisenbedingt durch meinen Partner nicht gespiegelt wird, weil der mir nämlich Zeichen seiner Liebe versagt oder sogar feindselig agiert, dann braucht es regenerative Energien, um durchhalten zu können. Dann braucht es eine aktive, lebendig gepflegte Beziehung zu Gott, die uns das schenken kann, was uns der Partner gerade schuldig bleibt.

2. Eheliche Liebe beruht auf Vielfalt

Manchmal denken wir, unsere Ehe wäre viel besser, wenn unserem Partner nicht *diese eine* Eigenschaft fehlen würde. Besser noch: Wenn er im Grunde mehr so wäre wie ich. Dahinter steckt, wenn man einmal näher darüber nachdenkt, die Annahme, dass bei größerer Gleichheit von Menschen weniger Probleme im Miteinander zu erwarten wären. Auch hat man gern die vermeintlichen Abseitigkeiten des anderen Geschlechts im Verdacht, für unnötige Kompliziertheit zu sorgen: »Frauen halt!« / »Männer – Kennste ehnen, kennste alle!«

Ich glaube das nicht. Gott hat den Menschen nicht zufällig in der Komplementarität von Mann und Frau geschaffen, vergleichbar mit zwei Puzzleteilen, die zusammen ein Ganzes ergeben. Mann und Frau sind aufeinander bezogen – mit allen Verwicklungen und Herausforderungen, die das für uns manchmal mit sich bringt. Aber sie machen – wohlgemerkt – zusammen den Menschen aus! In der Bibel lesen wir dazu: *Gott schuf den Menschen. Und er schuf sie als Mann und Frau.* Echtes Menschsein ist also nicht jenseits dieser Geschlechterpolarität zu haben. Wir sind Gottes Ebenbild. Und so wie Gott Vater, Sohn und Heiliger Geist eine Einheit bilden, so sind wir Männer auf die Frau bezogen und diese wiederum auf uns. Da kommen wir nicht drum herum. Diese Hürde müssen wir nehmen, wenn wir echte Menschen sein wollen! Nicht nur in der Ehe, sondern auch außerhalb. Und ich fürchte, wer die Geschlechterpolarität ignoriert, umschifft oder als bloßes soziales Konstrukt abtut, wird dem Glück echten Menschseins nicht auf die Spur kommen, sondern ewig auf der Suche nach seiner verlorenen Rippe bleiben.

Und weil das so ist, sollte in der Ehe nicht der Geschlechterkampf angesagt sein, sondern Kooperation und gegenseitige Ergänzung. Denn sonst würden wir ja unser eigenes Menschsein bekämpfen. Machen wir uns stattdessen klar: Im anderen Geschlecht steckt ein wichtiger Teil, ein lebenswichtiger Teil unserer eigenen Menschwerdung! Das wird schon recht vordergründig deutlich: Gott hat dem Mann und der Frau nämlich ein wesentliches Merkmal *gemeinsam* zugeeignet – ihre Schöpferkraft. Das ist wunderbar. So können sie nämlich *gemeinsam* schon einmal das eine oder andere Projekt realisieren, das wirklich »Hand und Fuß« hat: ich spreche von Kindern. Und dabei muss es nicht bleiben. Denn die Frau ist dem Adam gleichberechtigt zugeordnet. Sie wird von ihm zwar benannt – Eva soll sie heißen und die Namensgebung ist biblisch gesehen immer auch als ordnender Autoritäts- und Herrschaftsakt zu verstehen. Darum ist der Mann das Haupt. Aber sie ist ihm nicht etwa sklavenartig zugeteilt. Sondern sie ist »Gefährtin«. Dieses Wort wird auch im militärischen Bereich verwendet, wo es so etwas wie eine Verstärkungstruppe meint, ohne die der Krieg verloren geht. Die Frau ist also, wie man heute so semi-schön sagt, »systemrelevant« im Kampf des Lebens. Ohne sie läuft nichts!

Mit dem Sündenfall erleidet die alte komplementäre Ordnung dann allerdings schweren Schaden. Aus Ergänzung wird Bedrückung und Missbrauch. Aus der gemeinsamen Lebensschlacht von Mann und Frau wird der Krieg jeder gegen jeden. Und bei Paulus ist zu lesen, dass erst Jesus als der neue Adam, der neue Mensch, die ursprünglich gedachte Schöpfungsordnung des Paradieses wiederherstellt und am Beispiel seiner Gemeinde zeigt, wie Gott sich das Verhältnis zu seiner Braut, dem Gottesvolk, ursprünglich vorgestellt hat: Autorität und Hauptsein bedeutet nach Jesus, ein Diener zu sein. Vielleicht erinnern wir uns an die Fußwaschungsszene im Johannesevangelium, bevor Jesus mit seinen Jüngern das Passamahl einnimmt. In dieser Szene wird die Spannung unter den Jüngern fast spürbar, dass Jesus hier einen Dienst übernimmt, der in der Antike ausschließlich von Sklaven erledigt wurde. Sie empfanden, dass es sich für ihren Lehrer und Meister einfach nicht gehört, sich derart zu erniedrigen. Aber Jesus macht seinen Jüngern durch sein Beharren klar, dass die Liebe des allmächtigen Gottes darauf zielt, uns zu fördern und zu dienen. Damit ist entgegen dem Missverständnis der Jünger nicht gemeint, dass Gott nun nicht mehr heilig wäre, sondern dass seine heilige Liebe gerade darin besteht, uns zu dienen. Gott vergibt sich dadurch nichts. Sondern er ist gerade darin er selbst!

Wenn Mann und Frau sich gegenseitig so dienen, wie Jesus seinen Jüngern dient, machen sie sich gegenseitig das Geschenk der Liebe und Ehre. Sie nehmen vom andern dieses Geschenk entgegen und schenken es ihm wieder zurück. Das ist ähnlich wie in Gottes Dreieinigkeit: Der Sohn ordnet sich dem Vater unter und erlöst die Menschheit. Der Vater erhöht den Sohn über alle Mächte und Gewalten. Deswegen ist die christliche Ehe kein in Zement gegossenes Gebilde bürgerlicher Kultur, wie immer wieder behauptet wird, sondern sie ist gleichsam ein liebender Tanz, der die wiederhergestellte Gottesebenbildlichkeit als gelebte, sich gegenseitig dienende Liebe reflektiert. Sie ist darin ein letztes Stück Paradies, sofern die Ehepartner die nötige Geistesgegenwart dafür aufbieten.

Übrigens stecken in dieser Komplementarität nicht nur Mühe und Arbeit, sondern auch eine Verheißung. Statt über das andere Geschlecht zu nölen und dumme Witze zu reißen, können wir von der Andersartigkeit des Partners und der Partnerin im Team profitieren und selbst zu einer ausgewogeneren Persönlichkeit finden. Wenn am Anfang der Wille steht, das Andersartige nicht abwerten zu wollen, wird beispielsweise manches, was zunächst als Klammern oder als Unselbständigkeit des Partners empfunden wird, womöglich als Beziehungsstärke meines Gegenübers sichtbar und das Bedürfnis des einen Partners nach Unabhängigkeit wird vom andern nicht mehr gar so leicht als Egotrip abgetan. Am Vorbild des Partners können wir lernen, die schwächeren Gaben in uns zu stärken, unseren Horizont gleichsam zu erweitern und uns gegenseitig dabei zu helfen, ausgewogenere Persönlichkeiten zu werden. Denn Gott schuf den Menschen als Mann und Frau. Also lasst uns gemeinsam an unserer Menschlichkeit arbeiten!

3. Eheliche Liebe gründet auf echter, wahrhaftiger Freundschaft

Eine der wirksamsten Entwicklungsschmieden unseres Lebens sind bekanntlich Freundschaften. Denn Freunde haben in der Regel großen Einfluss aufeinander. Wie groß dieser Einfluss ist, können wir im Positiven wie im Negativen an unseren Kindern studieren. Wenn ihre Freunde gute Impulse in die Freundschaft einbringen, etwa die Leidenschaft für einen Sport oder Freude am Musizieren, dann wirkt das inspirierend, es ihnen gleichzutun. Das funktioniert leider auch in umgekehrter Richtung, wenn sich in der eigenen Clique das Kreativpotenzial auf Videospiele und die Breite der rauchbaren Substanzen beschränkt.

Wir können uns auch einfach einmal vorzustellen versuchen, wie unsere Biografie ohne den Einfluss bestimmter Freundschaften verlaufen wäre – möglicherweise ganz anders. Auch in der Bibel ist von Freunden die Rede, in Sprüche 2,17 ist zu lesen, dass der Ehepartner uns zum Freund gegeben ist (Sprüche 2,17). Das ist erstaunlich, wenn man bedenkt, dass diese Formulierung im *Alten* Testament zu finden ist und aus einer Zeit stammt, in der die Ehe hauptsächlich als eine sozial-ökonomische Transaktion zur gegenseitigen Altersabsicherung und Mehrung der Arbeitskraft gegolten hat. Das Ziel dieser Freundschaft könnte man nach Epheser 5 kaum höher ansetzen: Beide Partner sollen einander schön und makellos machen. Sie sind zusammen auf die Spur gesetzt, gemeinsam neue Schöpfung zu werden. Nun gehört es zu den Grunderfahrungen der Eheseelsorge, dass diejenigen Paare miteinander besonders gute Chancen für eine stabile Beziehung haben, die eine gemeinsame Vision für ihr Leben formulieren können, statt eher individualistisch nebeneinanderher zu leben. Es ist in der Ehe ungeheuer wichtig, eine gemeinsame Vorstellung davon zu entwickeln, wie der gemeinsame Weg aussehen soll, und periodisch auch Kurskorrekturen zu verabreden.

Wie könnte eine solche gemeinsame Vision aussehen? Vielleicht so: Wir helfen uns gegenseitig als Paar, der herrliche neue Mensch zu werden, als der jeder Einzelne von uns von Gott her schon immer gedacht ist und den er uns mit der Taufe persönlich neu zusagt und verspricht. Das ist keinesfalls eine Kapitulation vor der Realität, sondern ein Tiefersehen, wie es der Liebe geschenkt ist. »Ich sehe zwar deine Ecken und Kanten. Ich sehe deine Schwächen vermutlich klarer und ungeschönter als jeder andere Mensch auf der Welt, weil ich täglich mit dir zusammen bin. Aber ich sehe auch, was Gott mit dir vorhat, und das begeistert mich! Ich kann es kaum erwarten, irgendwann mit dir vor Gottes Thron zu stehen und dich in ganzer Schönheit und Herrlichkeit zu sehen. Im Vergleich dazu waren wir bei unserer irdischen Hochzeit nur in Lumpen gehüllt.« Wäre das nicht eine großartige Perspektive? Das ist viel besser, als bei seiner Hochzeit zu sagen: »So schön wie heute kommen wir nie mehr zusammen.

Lass mich dich noch einmal anschauen, bevor die Schwerkraft ihr Zersetzungswerk beginnt. Denn ab heute geht's nur noch bergab …«

Wie könnte das im Einzelnen aussehen? Mein Ehepartner kennt mich vermutlich besser als jeder andere Mensch auf der Welt. Er kennt die Wesenszüge, die ich verdränge. Er kennt meine Dämonien und Kämpfe. Meine Ängste und Abgründe. Und gleichzeitig ist er derjenige, der mich liebt und mir versprochen hat: Ich bleibe bei dir, komme, was wolle – in guten und in schlechten Zeiten! Diese Perspektive prädestiniert ihn wie keinen anderen, dem eigenen Partner die Wahrheit in Liebe zu vermitteln. Um die Ohren geschlagen wird uns ja vieles, was wahr oder immerhin halb wahr ist. Aber das anzunehmen, ist natürlich viel schwerer, wenn man »da draußen« auch mit den Befindlichkeiten anderer zu kämpfen hat, mit Antipathie, Konkurrenzdenken und einer fremden Agenda. Da bringt man sich schnell in eine gewisse Habachtstellung, lebt in einem Verteidigungsmodus. Wenn wir uns dagegen der Treue und Liebe eines Menschen sicher sein können, dann steckt in unserer Ehe tatsächlich das Potenzial, uns gegenseitig von unseren Fehlern und Macken zu reinigen. Deshalb sollten wir unserem Ehepartner das Recht einräumen, uns die ungeschminkte Wahrheit in Liebe zu sagen, und zwar in der Weise, wie Jesus das tut: ohne uns dabei fallen zu lassen. Aber auch ohne zuzulassen, dass wir uns durch das, was wir dem andern schuldig bleiben, unsere Sünde, zugrunde richten. Denn der Partner bzw. die Partnerin – und das gilt auch für Jesus – kann mit dem Blick der Liebe sagen: Das, was mein Lieblingsmensch hier tut, mag ich zwar nicht, ja, es geht mir gegen den Strich, ich kann es nicht ausstehen. Aber das ist nicht wirklich er. Das ist nicht das bleibende Ich meines Partners, sondern wird in der Gegenwart Gottes weggebrannt wie die Schlacke bei der Metallreinigung im Feuer.

Und noch ein Gedankenanstoß: Wenn Sie in Momenten von Enttäuschung und Frustration gegenüber Ihrem Partner an einen »besseren« oder eine »geeignetere« denken, dann denken Sie nicht an einen Märchenprinzen von Wolke sieben oder die nette Arbeitskollegin, die Ihnen immer so charmant daherkommt, sondern denken Sie lieber an die zukünftige Version Ihres Ehepartners oder Ihrer Partnerin! Seien Sie doch mal klug! Warum sollten Sie diesen Partner gegen einen anderen tauschen, nur um dann dessen verborgene Fehler entdecken zu müssen? Sparen Sie sich den erneuten Kreislauf aus Verliebtsein, Desillusionierung, Ablehnung und Flucht in die nächste Beziehung! Das ist übrigens auch ein heißer Tipp für alle, die gerade darüber nachdenken, ob sie eine bestimmte Person heiraten sollten: Woran erkenne ich, dass aus einer Freundschaft eine Ehe werden kann? – Antwort: Wenn Sie Probleme im anderen sehen und dann nicht weglaufen wollen, sondern es Sie reizt, gemeinsam an der Lösung zu arbeiten.

Geben Sie sich also gegenseitig das Recht, einander zur Rechenschaft zu ziehen, wie es im Hebräerbrief heißt: *Ermahnt und ermutigt einander immer wieder … So seid ihr sicher, dass ihr euch nicht vor Gott verschließt und die Sünde euch nicht betrügen kann.* (Hebr. 3,13)

Dabei geht mir der Rat eines befreundeten Psychiaters durch den Kopf, der inzwischen aus Altersgründen nicht mehr praktiziert. Ich gebe viel auf die Ratschläge von Menschen im Ruhestand, weil die auf keiner *Pay Role* mehr stehen und auch so mancher berufsständischen Eitelkeit enthoben sind. Sie sind in der schönen Lage, entspannt die Wahrheit sagen zu können, denn ihnen reißt keiner mehr den Kopf ab. Jener Psychiater sagte einmal zu mir: »Die Leute würden viel weniger zum Psychiater laufen müssen, wenn sie wenigstens eine Handvoll guter Freunde hätten.« Ich glaube, dass er damit recht hat! Vieles aus dem Regal der Gesprächspsychotherapie mit ihrer Annahme- und Einfühlungsrhetorik ist bestenfalls ein billiger Ersatz für tragfähige Beziehungen. Wie viel mehr steckt in unseren Ehen! Man hat ja so seine Selbstbilder, die sich daraus speisen, was andere über uns sagen und (mitunter noch schlimmer) was wir uns selbst einflüstern. Mit dem Ehepartner tritt nun jemand in unser Leben hinein, der die Macht hat, all diese Urteile aufzuheben und seinen Partner damit zu einem guten Teil zu »erlösen«. Wenn alle Welt sagt, dass Sie nicht gerade eine Schönheit sind, aber Ihr Partner genau das Gegenteil behauptet, dann fühlen Sie sich schön. Das Lob (ebenso wie die Kritik!) unseres Ehepartners fällt wesentlich mehr ins Gewicht als das Urteil, das andere über uns fällen.

Irgendwie scheinen wir das zu brauchen: Adam allein im Paradies mit possierlichen Tieren und einem wunderbaren Gott – das reicht nicht! Schon die Macher von James Bond wussten: *Das Paradies ist nicht genug.* Es braucht eben das Bond-Girl. Sonst ist alles nichts. Und außerdem braucht es eine herausfordernde Mission, die lautet: Schöner lieben!

Oder mit Epheser 5:

> *Ihr Männer, liebt eure Frauen, wie auch Christus die Gemeinde geliebt hat und hat sich selbst für sie dahingegeben, um sie zu heiligen. Er hat sie gereinigt durch das Wasserbad im Wort, damit er für sich die Gemeinde herrlich bereite, die keinen Flecken oder Runzel oder etwas dergleichen habe, sondern die heilig und untadelig sei.*

Mission impossible? – Für uns schon. Aber für unseren großen, herrlichen Gott gilt: Yes, he can. Mit Gottes Hilfe schaffen wir das!

Teil 4:

Untreu – Einmal Hölle und zurück

Es gibt Sätze, die schon so sehr vom kirchlichen Jargon vereinnahmt sind, dass man sie kaum mehr versteht. »In Jesus nimmt Gott die Menschheit an.« Ist das so eine Art global-galaktischer Social-Media-Like? »Konkret« ist ja nach Sepp Herberger »auf'm Platz«. Um zu verstehen, wie »Annahme« bei Gott konkret aussieht, hätte vermutlich nicht nur dem weisen Fußballlehrer folgender unscheinbarer Satz im Stammbaum Jesu weitergeholfen, der der Weihnachtsgeschichte im Matthäusevangelium vorgeschaltet ist. Da heißt es: *David zeugte Salomo mit der Frau des Uria* (Mt 1,6b). Weihnachten kommt also gar nicht so engelsgleich und unschuldig daher, sondern gleichsam mit einer Affäre im Schlepptau. Dieser Satz soll uns nicht etwa an Glanz und Gloria königlichen Heldentums erinnern, sondern an die vermutlich abgründigste Verfehlung in der Amtszeit Davids: seinen Ehebruch mit Bathseba.

Die Bibel steht nicht auf Verschleierung. Sie nennt die Dinge beim Namen. Bathseba bleibt, auch nachdem David sie genommen hat, »die Frau des Uria«. *Was Gott zusammenge-*

fügt hat, das soll der Mensch nicht scheiden (Mt 19,6). Nun hat Jesus also einen Ehebrecher im Stammbaum. Jesus, in dem sich die Verheißungslinien Gottes treffen, Gottes Heilsplan in Person, trägt nun diese Geschichte der Sünde seiner Vorväter als Teil seiner eigenen Geschichte. Er stellt sich unter diese Schuldgeschichte, nimmt sie in sich auf und führt sie doch zu seinem göttlichen Ziel. So nimmt Gott also konkret Menschen an.

Das vorab, damit wir uns nun einem wirklich heiklen Thema nähern können, das man nur dann frei von Verdrängung und Verleugnung wirklich anschauen kann, wenn man sich in die Gnadengeschichte Gottes eingezeichnet weiß. »Wozu sich mit Untreue befassen?«, fragt sich jetzt vielleicht mancher. Das ist doch nicht meine Baustelle?! Damit haben wir als Paar doch kein Problem. Meinungsumfragen zufolge halten auch 90 % aller Verheirateten Monogamie für wichtig. Nur – anscheinend nicht unbedingt bei sich selbst! Denn gleichzeitig gibt beinahe die Hälfte der Fans eines lebenslangen Treuebundes zu, eine oder mehrere Affären gehabt zu haben.[2]

Grund genug, sich einmal den ersten Fall von Untreue anzuschauen, den die Weltgeschichte zu bieten hat. Er wird uns die Augen dafür öffnen, dass es dazu nicht einmal eine kriselnde Beziehung, geschweige denn zerrüttete Verhältnisse braucht. Denn der Präventionsmythos, dass eine gute Beziehung angeblich vor Untreue schütze, stimmt schon rein statistisch gesehen nicht. In der Bibel hätte man es schon erkennen können: Mann und Frau verstehen sich super mit

---

2 Vgl. das für diese Thematik exzellente Standardwerk v. Shirley P. Glass: *Die Psychologie der Untreue,* Stuttgart 2019 (4. Aufl.), S. 29.

ihrem Schöpfer, sie ernähren sich gesund und können sogar den perfekten Vorgarten ihr Eigen nennen. – Wir tauchen ein ins Paradies (Gen 2,8-9; 3,15-17):

Und Gott der Herr pflanzte einen Garten in Eden gegen Osten hin und setzte den Menschen hinein, den er gemacht hatte. Und Gott der Herr ließ aufwachsen aus der Erde allerlei Bäume, verlockend anzusehen und gut zu essen, und den Baum des Lebens mitten im Garten und den Baum der Erkenntnis des Guten und Bösen. […] Und Gott der Herr nahm den Menschen und setzte ihn in den Garten Eden, dass er ihn bebaute und bewahrte. Und Gott der Herr gebot dem Menschen und sprach: Du darfst essen von allen Bäumen im Garten, aber von dem Baum der Erkenntnis des Guten und Bösen sollst du nicht essen; denn an dem Tage, da du von ihm isst, musst du des Todes sterben.

Okay, klare Ansage! Wir merken, dass dieser Text ohne Mitwirkung von Juristen entstanden sein muss. Das erste Menschenpaar ist zufrieden und genießt das Paradies, bis Folgendes geschieht (Gen 3,1-15):

Und die Schlange war listiger als alle Tiere auf dem Felde, die Gott der Herr gemacht hatte, und sprach zu der Frau: Ja, sollte Gott gesagt haben: Ihr sollt nicht essen von allen Bäumen im Garten? Da sprach die Frau zu der Schlange: Wir essen von den Früchten der Bäume im Garten; aber von den Früchten des Baumes mitten im Garten hat Gott gesagt: Esset nicht davon, rühret sie auch nicht an, dass ihr nicht sterbet! Da sprach die Schlange zur Frau: Ihr werdet keineswegs des Todes sterben, sondern Gott weiß: an dem Tage, da ihr davon esst, werden eure Augen aufgetan, und ihr werdet sein wie Gott und wissen, was gut und böse ist. Und die Frau sah, dass von dem Baum gut zu essen wäre und dass er eine Lust für die Augen wäre und verlockend, weil er klug machte. Und sie nahm von seiner Frucht und aß und gab ihrem Mann, der bei ihr war, auch davon und er aß.

Da wurden ihnen beiden die Augen aufgetan und sie wurden gewahr, dass sie nackt waren, und flochten Feigenblätter zusammen und machten sich Schurze. Und sie hörten Gott den Herrn, wie er im Garten ging, als der Tag kühl geworden war. Und Adam versteckte sich mit seiner Frau vor dem Angesicht Gottes des Herrn zwischen den Bäumen im Garten.

Und Gott der Herr rief Adam und sprach zu ihm: Wo bist du? Und er sprach: Ich hörte dich im Garten und fürchtete mich; denn ich bin nackt, darum versteckte ich mich. Und er sprach: Wer hat dir gesagt, dass du nackt bist? Hast du gegessen von dem Baum, von dem ich dir gebot, du solltest nicht davon essen? Da sprach Adam: Die Frau, die du mir zugesellt hast, gab mir von dem Baum und ich aß. Da sprach Gott der Herr zur Frau: Warum hast du das getan? Die Frau sprach: Die Schlange betrog mich, sodass ich aß. Da sprach Gott der Herr zu der Schlange: Weil du das getan hast, seist du verflucht vor allem Vieh und allen Tieren auf dem Felde. Auf deinem Bauche sollst du kriechen und Staub fressen dein Leben lang. Und ich will Feindschaft setzen zwischen dir und der Frau und zwischen deinem

Samen und ihrem Samen; er wird dir den Kopf zertreten, und du wirst ihn in die Ferse stechen.

1. Snake-Talk: Wenn man mit den Falschen spricht …

Wenn wir uns in der Geschichte vom Sündenfall die sich rapide verändernde Beziehungsdynamik zwischen Gott und Mensch anschauen, erhalten wir ein paar gute Hinweise zu einer Frage, die sich auch viele stellen, die sich mit der Untreue ihres Partners konfrontiert sehen: Wie hat der Affären-Partner eigentlich den Fuß in die Tür gekriegt? Gibt es ein Bedürfnis, das in der Ehe nicht erfüllt wird, sodass sich der andere bemüßigt fühlt, außerhalb zu suchen? Fehlt etwa doch etwas im Paradies?

Nein, so kann man es nicht sagen. Das Problem beginnt vielmehr damit, dass Eva sich einen falschen Gesprächspartner sucht. Die Schlange sät den Zweifel in eine intakte Beziehung. Sie sucht mit ihren Fragen nach dem Hebel, um Vertrauen zu zerstören.

Ein verheirateter Ehemann klagte mir einmal sein Leid, dass in seiner Straße lauter frustrierte, geschiedene bzw. von ihren Ehemännern sitzen gelassene Frauen wohnten. Und wenn die sich dann mit den Nachbarinnen beim Gespräch über den Gartenzaun trafen, wenn sie mit seiner Frau Sport machten oder zusammen spazieren gingen, dann artikulierten sie offenbar ständig ihre Unzufriedenheit über die ach so verrottete Männerwelt. Und nun machte sich dieser Ehemann Sorgen, dass dieser »Erfahrungsaustausch« auch seine partnerschaftliche Beziehung belasten könnte. Zu Recht! Gerade wenn es um so neuralgische Punkte wie die eigene Ehe geht, kann man mit der Wahl seiner Berater nicht vorsichtig genug sein. Wir sollten Ratgeber meiden, die selbst gerade unzufrieden mit ihrem Beziehungsstatus sind, die die Ehe generell für eine überlebte Idee halten, oder noch gefährlicher, die selbst potenzielle Partner sein könnten.

Man kann da kaum so dumm denken, wie es manchmal kommt. Ich weiß von Therapeutensituationen, wo Paare, die eigentlich bereit waren, um ihre Ehe zu kämpfen, mehr oder weniger unverhohlen dazu aufgefordert wurden, doch auf dem Markt auch mal nach anderen Optionen Ausschau zu halten. Mir ist sogar ein Fall bekannt, wo der Therapeut – noch dazu bei einem kirchlichen Anstellungsträger – eine Klientin ausspannte und die Ehe vollends zerstörte.

Untreue muss anfangs ja gar nicht bewusst geschehen. Die meisten Affären beginnen ja nicht vorsätzlich, sondern da erzählt man der Arbeitskollegin auf einer längeren dienstlichen Autofahrt von dem, was einen gerade so beschäftigt. Und die hört aufmerksam zu. Endlich hört mal jemand zu! Zu Hause ist ja nie Zeit dafür. Da sind die Hausaufgaben, die unbezahlten Rechnungen, die Arbeitsmeetings. Und die Kollegin hat Zeit. Kein störendes Kindergequake. Da ist keine Pflicht. Nur Kür. Einfach herrlich. Da fühlt man sich gleich als neuer Mensch. Da kann ich ein ganz anderer sein, mich neu ausprobieren. Da entdecke ich neue Rollen und Gelegenheiten zu eigenem Wachstum. *Da werden eure Augen aufgetan,* verspricht die Schlange. Und dann nimmt das Gespräch Fahrt auf, wie im biblischen Bericht. Erst verteidigt Eva Gott noch. Aber dann beginnt die Frucht zu leuchten, die Frucht in Nachbars Garten. Und man denkt: »Zu Hause ist auch nicht alles Gold. Früher war mehr Lametta.« – Eh man sichs versieht, rollt der ganze Karren bereits Richtung Abhang. Vor diesem Gespräch, als noch alles in Ordnung ist, fühlt man sich mit der Partnerin, dem Partner eins, man hat keine Geheimnisse voreinander und schützt die Beziehung nach außen. Um es im Bild auszudrücken: Man errichtet nach außen hin Mauern und nach innen Fenster.

Der Übergang in die Schieflage erfolgt damit, dass man mit der anderen Person emotionale Intimität herstellt, indem man sich beispielsweise über den Partner beschwert und sich daraufhin trösten lässt. Und dann beginnt die Frucht zu leuchten: *Und die Frau sah, dass von dem Baum gut zu essen wäre und dass er eine Lust für die Augen wäre und verlockend, weil er klug machte.*

Das Verlockende am Seitensprung spielt sich weniger in der Realität, sondern vielmehr im eigenen Kopfkino ab. Es ist die Faszination, sich in den bewundernden Augen der neuen anziehenden Begegnung widerzuspiegeln. Im Gegenüber mit der Neuen, dem anderen, bin ich nicht der Ehepartner mit den tausend Baustellen, den unterschwelligen Konflikten und Alltagspflichten, die mir aufgebürdet sind und für die ich vielleicht wenig Wertschätzung bekomme, sondern ich bin »ganz in neu«, gleichsam mein eigener Avatar. Und genau das verzückt und bezaubert die Fantasie. Den Soundtrack dazu kennen wir: *Ich war noch niemals in New York.* Wer will das schon, »das Treppenhaus mit Bohnerwachs und Spießigkeit«? Stattdessen: »Wie, wenn das jetzt ein Aufbruch wär? Ich könnte einfach gehen – für alle Zeit!« Udo Jürgens hatte in den 70ern ja keine Ahnung, dass man dafür heute nicht mal mehr durchs Treppenhaus, geschweige denn nach New York muss. Wir lösen das online, mit Internetbekanntschaften! In unserem ganz persönlichen Paralleluniversum, ganz diskret, frei von Arbeitsstress und Langeweile. Gelegenheiten dazu gibt's jede Menge. Was mir allein über soziale Netzwerke Woche für Woche (!) an Angeboten von unbekannten Frauen mit Thermo- und Antriebsschwäche-Symptomen hereinflattert (Stichwort: »heiß und gelangweilt«), zeigt, welche Ausmaße das inzwischen angenommen hat.

2. Versteckspiel: Mit Adam und Eva im Gebüsch

Die nächste Stufe ist erreicht und das Versteckspiel beginnt. Adam und Eva schlagen sich in die Büsche, um Gott zu entgehen. Während die Fenster zum Fremden erweitert werden, werden zum Partner hin Mauern errichtet. Man verschließt sich vor dem andern und maskiert sich vor ihm.[3] Der emotionale Bedarf wird nun außen gedeckt. Zu Hause ist man höflich, geschäftsmäßig, bespricht den Orga-Kram. Aber der sogenannte »Freund« weiß über die eigene Ehe inzwischen mehr als der Partner. Wir haben jetzt das Level einer emotionalen Affäre erreicht. Zentrale Bestandteile der exklusiven Treuebeziehung werden ausgelagert. Das

---

[3] Ob bestehende Online-Freundschaften bereits ein bedenkliches Maß angenommen haben, kann man an folgenden Fragen abchecken: »Ertappen Sie sich dabei, später ins Bett zu gehen, weil Sie online chatten? Schalten sie jemals den Bildschirm aus oder klicken etwas weg, weil Sie nicht wollen, dass ein Familienmitglied sieht, was Sie lesen oder schreiben? Wäre es Ihnen unangenehm, Ihre Internetkorrespondenz Ihrem Partner zu zeigen? Haben Sie jemals Fotos von sich mit einer geheimen Internetbekanntschaft ausgetauscht?« Der vollständige Fragebogen samt Auswertung findet sich bei Glass, Ders., S. 60f.

wird natürlich geleugnet. Der andere ist selbstredend »nur ein Freund«. – Man sollte immer hellhörig werden, wenn das Wort *Freund* und das Wort *nur* zusammenfinden. Dann hat man ein Problem. Denn Untreue beginnt nicht erst mit Liebe oder Sex. Es geht vielmehr darum, angemessene Grenzen zu anderen zu wahren und gleichzeitig in der ehelichen Beziehung offen und ehrlich zu sein.

Das häufigste Problem ist, dass man in solch einer Gemengelage meist mit den Falschen spricht. Eva hätte mit Gott sprechen sollen statt mit der Schlange. Wahrscheinlich hat Eva im Gebüsch genau das überlegt. Aber offenbar hat sie der Mut verlassen, als Gott sie zur Rede stellt. So glauben auch die meisten untreuen Menschen, dass es nur noch schlimmer würde, wenn sie mit dem Betrogenen über die Affäre sprechen. Man will lieber im Gebüsch sitzen bleiben, bis Gras über die Sache gewachsen ist. Dabei wäre die Wahrheit gegenüber dem Partner oder der Partnerin der einzig mögliche Weg, um wieder Intimität herzustellen. Die Wahrheit wird euch frei machen, sagt Jesus! Das gilt hier in besonderer Weise!

Wenn man sich davor drückt, wird es mit jeder Begegnung schwerer, den Turnaround zu schaffen. Dann sitzt man wie der Frosch im Kochtopf auf der heißer werdenden Herdplatte und grübelt irgendwann darüber nach, an welcher Stelle man sprichwörtlich den Absprung verpasst hat. Die meisten Menschen gehen ja nicht bewusst auf die Suche nach einer Affäre, sondern sind da irgendwie mit graduell steigenden Vertrauensbrüchen hineingeraten. 82 % aller Affären beginnen als ganz normale Sozialkontakte mit Nachbarn oder am Arbeitsplatz. Dass Menschen sich anziehend finden, ist eine Tatsache und lässt sich auch nicht verhindern. Aber es kommt entscheidend drauf an, wie man mit den Gelegenheiten umgeht, die entstehen, welche Sicherheitsmaßnahmen man trifft und in welche Situationen man sich begibt.

Anbei eine kleine Checkliste:

- Wie verbringe ich meine Ruhepausen am Arbeitsplatz? Synchron mit ihm oder ihr, oder doch lieber nicht? Wer sich in Gefahr begibt, wird darin umkommen.

- Wie gehe ich mit Vertrautheit und Wertschätzung von außen um, insbesondere wenn sie bei mir gerade auf ein emotionales Vakuum trifft?

- Wie springe ich darauf an, wenn mir berufliche Unterstützung zuteilwird?

Ertappt man sich bei Heimlichkeiten gegenüber dem Partner, dann ist es schon fast zu spät. Fragen wie die, ob der Ehepartner die Mail mitliest, oder Gedankenspiele über die Einrichtung eines zusätzlichen Bankkontos sollten die eigenen Alarmglocken läuten lassen. Denn zu diesem Zeitpunkt sitzt man längst mit Adam und Eva im Gebüsch.

3. Rationalisierungsversuche: Die Frau, die du mir gegeben hast …

Wenn dann das »*Adam (oder Eva), wo bist du?*« ertönt, dreht sich längst das Ausreden-Karussell. Dann wird die Klarheit der ehelichen Platzanweisung an der Seite des Partners und die Dankbarkeit für alles, was man an ihm hat (»Fleisch von meinem Fleisch!«), verdrängt durch die Infragestellung seiner Integrität (»Die Frau, die du mir gegeben hast …«). Die wichtige, zusammenschweißende emotionale Energie wird von der Ehe weggeleitet. Heimlichkeiten und das nun einsetzende Doppelleben bringen auf der einen Seite Lügen, wachsende Distanz, Schuldgefühle und Ausflüchte hervor und auf der anderen emotionale Energie und wachsende sexuelle Chemie. Der Klassiker ist dann, dass man die außereheliche Beziehung rechtfertigt, weil man ja nicht zum Äußersten geht, diesen Bereich dann aber umso mehr auf dem Wege der Fantasie auslebt. Was wäre, wenn …? Wenn es dann doch passiert ist – kein Problem. Menschliche Rationalisierungskräfte sind schier grenzenlos. Anhand des berühmten Gebets des Narzissten, der in Wirklichkeit zu sich selbst betet, denn etwas Höheres als sich selbst kennt er ja nicht, kann man das erschreckend gut studieren: Wenn er anderen Leid zufügt, sagt er:

»Es ist nichts passiert.
Und wenn doch – war's nicht so schlimm.
Und wenn doch – war es nicht der Rede wert.
Und wenn doch – dann war ich nicht schuld.
Und wenn doch – habe ich es ja nicht so gemeint.
Und wenn doch – dann hast du es auch verdient.«

Es ist nichts passiert ... Unsere Gegenwartskultur unterstützt fleißig dabei: Affären gelten heute gewissermaßen als legitime Lebensäußerung des selbstbestimmten Menschen. Kollateralschäden für Ehepartner und Kinder werden in Kauf genommen. Die heute inoffiziell anerkannte Trinität aus »Me, Myself & I« fordert halt ihre Opfer.

4. Das Imperium schlägt zurück: Einfall der Chaosmächte

Was wird hier geopfert? Das Schlimmste an der Affäre sind der Vertrauensverlust und der Wortbruch. Genesis 3 verrät, warum das so ist: Gottes vertrauenswürdiges Wort hat diese Welt geschaffen. Sie ist gleichsam auf Vertrauen gebaut. Und mit der Unwahrhaftigkeit der Schlange sind die Chaosmächte ins Paradies zurückgekehrt. Die Schöpfung wird quasi rückabgewickelt. Der Paradiesboden überzieht sich mit Disteln und Dornen und das wundersame Mitwirken der Frau am Leben schaffenden Schöpfungsprozess erstickt in Schmerzensschreien bei der Geburt. Diese alten Mächte können wir auch heute fühlen, wenn unser Leben aus den Fugen gerät und wir sprichwörtlich »durch die Hölle gehen«.[4] Was macht die Hölle aus, jenen Ort, wo die

---

[4] Die folgenden Gedanken zur entwicklungsgeschichtlichen Bedeutung der Schlange und der Hölle als Ort des Verrats verdanke ich der schon legendären Genesis-Vorlesung des US-Psychiaters Jordan Petersen (Biblical Series II. Genesis 1: Chaos & Order; abzurufen unter https://www.youtube.com/watch?v=hdrLQ7DpiWs&t=2994s), auf deren einzelne Episoden teilweise über 7 Millionen Zugriffe erfolgt sind (Stand Dezember 2020). Sie dürften damit mehr Reso-

vertraute Umgebung ins Urchaos zurücksinkt? Was findet sich auf der Leiter vorstellbarer Bosheit auf der untersten Stufe?

In Dantes *Inferno* gibt es dazu eine interessante Antwort: Es ist der Verrat! Das ist klug beobachtet, denn es ist ja gerade dessen Gegenteil, das Vertrauen zwischen Menschen, das stabile und friedliche Beziehungen ermöglicht. Selbst in der Ökonomie gilt Vertrauen als maßgebliche Ressource, dass Geschäfte abgewickelt werden können. Eine Plattform wie eBay beispielsweise würde niemals funktionieren, wenn man dem Gegenüber nicht grundsätzlich vertrauen könnte. Keine Transaktion käme zustande, wenn man davon ausgehen müsste, dass der Verkäufer mir Müll verkauft und ich im Gegenzug meinen Scheck platzen lasse. Der einzige Grund, dass solche Transaktionen in der Geschäftswelt tatsächlich zustande kommen, ist ein Grundvertrauen.

Warum bauen wir unsere Beziehungen auf Vertrauen? Ich denke, es liegt daran, dass Vertrauen es uns ermöglicht, einander zu begegnen, ohne schreiend davonrennen zu müssen. Wenn ich dir trauen kann, muss ich nicht ständig miteinbeziehen, wie hochgradig komplex und gefährlich du bist. In prähistorischer Perspektive bist du nämlich eine Art lebendige Schlangengrube, ein potenzieller wandelnder Super-GAU. Jemand, bei dem meine vorkognitiven Fein-

---

nanz erhalten haben als alle Vorlesungen deutscher Theologieprofessoren im selben Zeitraum zusammen. Und obwohl längst nicht alle seine Thesen einer theologischen Fachprüfung standhalten, sind diese doch als Reibungspunkte und Impuls zum Weiterdenken stets so inspirierend wie ein Jazzkonzert!

derkennungssysteme jederzeit scharf gestellt sein müssen. Die Schlange ist als prähistorischer Feind Nummer 1 bis heute tief in unser Bauchgefühl eingezeichnet, schon lange bevor wir unseren Denkapparat in Gang setzen. Solange der andere tut, was er sagt, kann ich ihn beim Wort nehmen. Das Wort, das der andere mir gibt, reduziert seine unglaubliche Komplexität auf ein verstehbares Maß. Wir können dann wenigstens so tun, als ob wir uns verstehen, auch wenn wir es in Wahrheit niemals vollständig tun. »Wo sich Menschen begegnen, stehen sich stets zwei Abgründe gegenüber«, hat Martin Buber mal gesagt.

Wenn allerdings Vertrauen missbraucht wird, wenn wir von einem Menschen, den wir bisher für vertrauenswürdig hielten, verraten werden, dann sind die Schlangen alle sehr, sehr schnell wieder da. Denn solange wir in einer Beziehung mit unserem Partner leben und wir ihm vertrauen, treffen wir bestimmte Grundannahmen hinsichtlich der Zukunft und alles erscheint uns stabil. Dann haben wir scheinbar festen Boden unter den Füßen. Allerdings ist dieser Boden wie eine Eisschicht, unter der das Chaos lauert. Wie der Hai unter der Wasseroberfläche. Alles *scheint* nur sicher.

Und in dem Moment, wo du verraten wirst, wo du rausfindest, dass der Partner, mit dem du bis jetzt in einer intimen und vertrauten Beziehung gelebt hast, eine Affäre hat, da bist du von einem Moment auf den anderen an einem völlig anderen Ort, in einer völlig neuen Situation: Die Pforten der Hölle öffnen sich. Und du bist nicht nur an einem anderen Ort, sondern auch deine Vergangenheit erscheint dir in einem völlig neuen Licht. Ebenso auch deine Zukunft. Alles, was vorher sicher war, zerfällt nun in unerträgliche Komplexität:

- **Wer bist du?** – Wenn dich dein Partner betrügt, fängst du an, über ihn nachzudenken: Wer warst du eigentlich in der Vergangenheit? Denn eins ist sicher: Du warst nicht der, für den ich dich gehalten habe. Und ich dachte, ich kannte dich. Aber ich hatte keine Ahnung und wusste nichts! Alles, was wir taten, was uns augenscheinlich verbunden hat, war nicht das, von dem ich dachte, dass es das sei.

- **Wer bin ich?** – Du bist jemand anderes und ich wohl auch, weil ich nichts von dem geahnt habe. Ich muss blind sein, so naiv, dass ich kaum lebensfähig bin! Weder habe ich ein realistisches Gespür für Menschen noch verstehe ich mich selbst.

- **Wo bin ich? –** Ich habe mich selbst verloren. Ich dachte, ich sei zu Hause. Aber das ist nicht wahr. Ich bin in einem Haus voller Fremder. Ich weiß nicht, was morgen werden soll, nächste Woche oder nächstes Jahr. Alles sicher Geglaubte, diese bewohnbare Ordnung der guten Schöpfung Gottes ist ins Chaos zurückgefallen.

Der Höllenschlund steht weit offen. Das ist eine furchtbare Erkenntnis. Das ist die Reise in die Unterwelt! Und wir machen diese Reise jedes Mal, wenn unsere im Wesentlichen durch sprachliche Zuschreibungen errichtete stabile Welt zerschmettert wird, wenn wieder irgendeine Schlange im

Paradies erscheint und diesen wunderbaren archetypisch geordneten Garten Eden im Nichts versinken lässt. So wie Gott die Welt durch das Wort ins Sein ruft und die Schöpfung dem Chaos entreißt, so fassen wir Vertrauen zu Menschen, deren Reden und Tun wir als Einheit erkennen. Wo sie sind, entsteht Annahme, Heimat, Geborgenheit, geordnetes Leben. Aber wenn diese Einheit auseinanderbricht und sich die Ordnung durch das Wort als Schein herausstellt, steht unsere Welt, mit allem, was sie zu sein beansprucht, infrage: »Sollte Gott gesagt haben …« Jederzeit kann die Schlange erscheinen und uns umhauen. Das ist die ewige Situation unserer menschlichen Existenz, der wir niemals entrinnen.

Wenn das stimmt, dass Verrat und zerbrochenes Vertrauen der Türöffner für die Höllentore sind, dann verstehen wir, warum Gott den Vertrauensbruch in der Ehe dermaßen missbilligt. Schließlich stellt die Ehe ja die höchste Form dessen dar, was Menschen an Verbindlichkeit einem andern gegenüber leben können. Ein Leben lang, in guten und in schlechten Zeiten! Was für ein Versprechen! Und wer es bricht, der ist des Todes. Der beschwört die Höllenmächte herauf.

Das sah auch Jesus so. Und er wollte in der Szene mit der Ehebrecherin in Johannes 8 die Strafe auch korrekt vollziehen: *Wer ohne Sünde ist, der werfe den ersten Stein!* Allein, es fand sich niemand, der gerecht genug war, hier als Richter zu fungieren. Und doch blieb es dabei: Ehebruch ist todeswürdig. Durch eine solche Tat ist die Heiligkeit Gottes angegriffen, dessen Schöpferwort durch und durch vertrauenswürdig ist, während der Wortbruch die Chaosmächte zurück ins Spiel bringt. Deshalb: Das Todesurteil muss zur Wiederherstellung der Ordnung unbedingt vollstreckt werden, natürlich von einem der in dem geforderten Maße heilig und gerecht ist, wie es der Wille Gottes erfordert. Wie bei der Bergpredigt verschärft Jesus das Gesetz. Es handelt sich, wie sogenannte »liberale« Auslegungen suggerieren, keineswegs um ein kumpelhaftes »Schwammdrüber«-Sonderangebot, sondern um eine unerhörte Preiserhöhung! Jesus liefert den Goldstandard für den Wert der heißesten Beziehungsform, die Gott im Programm hat.

Die Pharisäer und Schriftgelehrten, die Ältesten ziehen kleinlaut ab. Sie wissen um ihre eigene Schuld. Sie wissen um die zahllosen Bereiche ihres Lebens, wo sie Gottes Heiligkeit nicht gerecht werden. Aber das Gerichtsurteil bleibt bestehen. Die Frau ist mit Jesus allein. Nun ist es an ihm. Er ist sündlos. Er hat jede Berechtigung, das Todesurteil zu vollstrecken. Und er tut es. Er vollstreckt das Todesurteil konsequent, denn auf Ehebruch steht der Tod: *Der Richter gibt sich selbst in den Tod*. Dort, wo die Frau hätte stehen müssen, da, wo mit ihr die ganze Menge der todeswürdigen Verkläger hätte in den Tod gehen müssen, da stirbt Jesus den Tod auf Golgatha. Der von keiner Sünde wusste, hat sich für uns zur Sünde gemacht. Der Richter gibt sich selbst hin als der an unserer Stelle Gerichtete. Er bügelt die Sache aus. Wieder mal! Wie schon »bei David und der Frau des Uria«, die in seinen Stammbaum eingezeichnet sind, nimmt Jesus die Menschheit an, nimmt das weg, was uns von ihm trennt, damit wir ihm begegnen können. Damit unsere Beziehungen in seiner Gegenwart wahrhaftig und treu werden: Er sagt, was er tut, und tut, was er sagt. Was für eine Inspiration für unsere Ehe und unsere Beziehungen!

5. Warum Ehen heute gefährdeter sind als in früheren Zeiten

Ich habe beruflich eine paradoxe Beobachtung gemacht, über die ich schon öfter nachdenken musste. Bei jungen Paaren ist der Gedanke, dass es Schwierigkeiten oder gar schwere Krisen in der eigenen Ehe geben könnte, zumeist völlig außerhalb der eigenen Vorstellungskraft liegt – denn schließlich liebt man sich ja leidenschaftlich. Jedenfalls lässt sich das bei Traugesprächen immer wieder beobachten. Und gleichzeitig ernte ich manchmal ungläubige Blicke, wenn ich dann gegenüber Menschen in meinem Alter die Überzeugung äußere, dass man nach zwanzig Jahren Ehe nicht nur nach wie vor glücklich verheiratet sein kann, sondern auch im Grunde ein tieferes und beglückenderes Eheleben hat als in den Anfangsjahren der Beziehung.

Dabei bin ich zu dem Schluss gekommen, dass beide Gruppen – sowohl die, die sich vor einer Ehe Probleme nicht vorstellen können, als auch die, die bei einer Ehe nichts als Probleme erwarten – sich einer Sache nicht bewusst sind: nämlich der Vielzahl an Faktoren, die in der heutigen Zeit ehegefährdend wirken und deren man sich wohl oder übel bewusst sein bzw. denen man sich stellen muss, wenn man das Abenteuer Ehe wirklich bestehen will:

Wir leben in einer konsumorientierten Multioptionsgesellschaft. Menschen sind es gewohnt zu wählen. Und sie fühlen sich dazu verdammt, wählen zu müssen, um ja die Entscheidungen zu treffen, die dann auch in »Richtung Glück« ausschlagen. Die gängigen Parameter Wohlstand, Status, Einfluss, Beziehungsnetzwerke müssen dabei in rechter Weise austariert und gegebenenfalls nachjustiert werden. Auch die Partnerwahl unterliegt diesen Gesetzmäßigkeiten. Ist der Partner nicht mehr zu gebrauchen, wird er ausgetauscht.

Der urbane Individualismus und seine daran angeschlossene Glückserwartungen verengen den Blick und das Verständnis für eine Lebensform, die Verantwortungsübernahme für einen anderen ins Zentrum stellt. Hier müssten Gegengewichte gesetzt werden: Der Sinn für Familie und Gesellschaft sowie das Entwickeln von Gespür für die eigene Berufung machen am Ende zufriedener als Lust und Bedürfnisbefriedigung.

Durch eine zunehmende Mobilität werden Ehen zusätzlichen Belastungen ausgesetzt, weil Menschen heute mehr Zeit auf der Straße verbringen, die dann zu Hause fehlt. Dazu kommt Folgendes: Früher hat Hans in seinem Dorf seine Grete aus einem vermutlich einstelligen Kreis infrage kommender Frauen seines Alters und Standes innerhalb seines erweiterten Familiennetzwerks geheiratet. Heute lebt man bei hoher Mobilität an wechselnden Orten mit hoher Anonymität und zugleich geringer sozialer Kontrolle und kommt ständig mit potenziellen (neuen) Partnern zusammen. Dabei ist die Reichweiten-Vergrößerung durch virtuelle Begegnungsmöglichkeiten im Internet noch gar nicht mitgedacht. Mit den Möglichkeiten steigt natürlich auch das Verführungspotenzial.

Ein verschärfter Arbeitsdruck in einer beschleunigten Welt lässt Paaren wenig Zeit füreinander. Die Karriere oder auch einfach nur die Notwendigkeit zum Broterwerb fordert ihren Tribut. Und sie findet seit der Industrialisierung zumeist außerhäusig statt. Die Pflege der Beziehung kommt da schnell zu kurz.

Ehe und Familie haben gesellschaftlich wenig Lobby. Der Ehebegriff ist durch links ideologische Aktivisten zu einem nichtssagenden Containerbegriff entwertet. Bei der »Ehe für alle« ist im Grunde (fast) alles Ehe – und damit eigentlich nichts mehr. Familienpolitik der letzten 10 Jahre erschöpft sich im Wesentlichen in Arbeitsmarktpolitik. Die Vereinbarkeit von Familie und Beruf reduziert sich auf den Ausbau von Krippenplätzen und die Aushöhlung von Familienzeit zugunsten effektiverer Karieregestaltung.

Die Entwertung des Eherechts durch ihre Degradierung vom Bundes- zum Sachenrecht in den 70er-Jahren sowie der Verzicht auf die Schuldfrage haben die Schwelle zum leichtfertigen Ehebruch erheblich gesenkt. Wenn ich nicht mehr will, gehe ich. Das Gericht wird dafür sorgen, dass ich gut aus der Nummer rauskomme. Das war früher bei eindeutiger Schuldfeststellung anders.

Der Säkularisierung unserer Gesellschaft korrespondiert die Sakralisierung der Beziehungswelt. Die Erwartung »Du sollst mich glücklich machen« ist ein zutiefst religiöser Satz. – Kein Wunder, denn jeder Mensch ist zutiefst religiös. Wir wollen etwas anbeten, suchen nach Dingen, die uns Halt geben. Wenn wir es nicht bei unserem Schöpfer suchen, bleibt nur die Anbetung des Geschöpfes. Der liebende Partner bietet sich als Reflex der Liebe Gottes natürlich an – und muss doch am Ende unter der Last, nun Erlöser sein zu sollen, erdrückt werden. Besser ist es, wir beten zu dem, der allein anbetungswürdig ist, und entwickeln als Paar Routinen für Gottesdienstbesuch und gemeinsames Gebet.

Scheidungen wirken Scheidungen. Wer als Kind die Scheidung seiner Eltern erlebt hat, hat nicht selten mit Bindungsängsten zu kämpfen, weil für das Kind eine Entbehrungserfahrung damit zusammenhängt. Solche Ängste nimmt man mit in die eigenen Partnerschaften hinein. Dort setzen sich die in der elterlichen Ehe erlernten Beziehungsmuster häufig destabilisierend fort. Diese Problematik wirkt exponentiell. Bindungsstörungen nehmen deshalb rasant zu.

Ehe wird fälschlich als Status und nicht als Aufgabe verstanden, in die man erst lernend hereinwachsen muss. Gerade in puncto

- Menschen- und Selbsterkenntnis (»Was sind meine und deine Bedürfnisse?«),
- Kommunikation (»Welche Liebessprachen spricht mein Partner?«) und

- Konfliktmanagement

wäre es bei der Wichtigkeit des »Faktors Ehe« für die Stabilität unserer Gesellschaft eigentlich essenziell, dass Menschen eine Art Eheführerschein für diese sensible Gemeinschaft erwerben, um die Unfallgefahr in einem komplexen Verkehrssystem zu vermindern. Später gälte es, auf Fortbildungsangebote zu setzen: Vom Hinweis auf den wöchentlichen Eheabend über den Besuch ehestärkender Seminare bis hin zum Wahrnehmen seelsorgerlicher bzw. psychologischer Beratung wäre hier noch viel Bewusstseinsstärkung vonnöten.

Nachwort

»Meine größte Leistung war, dass ich meine Frau zu überreden wusste, mich zu heiraten. Es wäre für mich unmöglich gewesen, durch all das hindurchzukommen, was ich durchgemacht habe, ohne ihren Mut und ohne ihre Hilfe. Das an Freuden reichste Erlebnis meines Lebens war meine Ehe.«

Dieser Satz des großen englischen Politikers Winston Churchill zeugt von dem, was die Ehe im Kern ausmacht: Freundschaft, Kraftquelle, Schicksalsgemeinschaft. Ich finde ihn umso beachtlicher, als es die beiden Churchills biografisch gesehen nicht immer leicht miteinander hatten. Das klang ja schon an anderer Stelle in diesem Buch an.

Dieses Zitat markiert demnach das trotzige *Dennoch* gehaltener Versprechen, das unserem Leben Beständigkeit verleiht. Ich wünsche mir, dass Sie dieses *Dennoch* für sich stets aufs Neue nachsprechen können, nachdem Sie Ihren Partner ja zuerst sorgfältig und umsichtig wählen, dann aber umso beherzter und mit Gelassenheit diese Entscheidung auch als eine vom Himmel gesegnete Platzanweisung gelten lassen. Belassen wir es nach Möglichkeit dabei – im Sinne des französischen Schriftstellers Maurice Dekobra: »Heiraten ist eine wunderbare Sache, solange es nicht zur Gewohnheit wird.«

Wenn Krisen kommen – und sie werden kommen –, dann wissen Sie sich gemeinsam auf einer Seite und werden diese gemeinsam mit Weisheit und Gottes Gnade durchstehen und sogar daran wachsen. Suchen Sie sich, wenn nötig, Begleitung, beispielsweise durch das Gespräch mit erfahrenen Ehepaaren, durch Impulsmaterial von guten Plattformen zu Ehethemen, oder gönnen Sie sich einen Termin beim Pfarrer Ihres Vertrauens oder bei einer Ehetherapeutin, die den Wert der Ehe zu schätzen weiß.

Die Ehe ist nämlich einer der wenigen Orte in dieser Welt, an dem Wahrheit und Liebe unter dem Schirm bedingungsloser Treue in einer Weise zusammenfinden, dass Leben aus ihr hervorgeht. Es ist jener letzte Gruß, der uns von Eden herüberweht und uns im besten Falle zu einer Gefährtenschaft verbindet, in der zwei einander durch alle Höhen und Tiefen bis ins Paradies begleiten. Ich wünsche Ihnen in diesem Sinne eine gute Reise!

Gary Chapman
Die 5 Sprachen der Liebe
Wie Kommunikation in der Partnerschaft gelingt
ISBN 978-3-86122-126-5
207 Seiten, Paperback
auch als E-Book erhältlich

Gute Nachricht für alle, denen ein Küsschen nicht mehr reicht: Es gibt 5 Wege, dem anderen seine Liebe mitzuteilen. Gehen Sie ans Werk, lernen Sie die persönliche Liebessprache desjenigen, der Ihnen am meisten bedeutet, und wenden Sie diese Sprache unbeirrt an - Sie werden die Veränderung zum Guten erleben. Denn Liebe, die bei anderen auch ankommt, wird selbst dort Gegenliebe wecken, wo Sie es nicht mehr für möglich hielten.

Das Standardwerk als klassische Leseausgabe. Neben der anspruchsvollen Neuausgabe erfüllt diese Textausgabe ohne Illustrationen eine wichtige Funktion als Arbeitsbuch für Seelsorger, Eheberater usw.

Gary Chapman, Randy Southern
Zweisamzeit
52 Ideen um Ihren Partner zu überraschen
ISBN 978-3-96362-168-0
240 Seiten, gebunden
auch als E-Book erhältlich

Gönnen Sie sich Zeit zu zweit – gönnen Sie sich Zweisamzeit!

Wer sehnt sich nicht nach besonderen Erlebnissen zu zweit? Erlebnissen, die lange im Gedächtnis bleiben und dafür sorgen, dass wir uns unserem Partner noch näher fühlen? Gary Chapman, Erfinder des Erfolgskonzepts »Die 5 Sprachen der Liebe«, und Randy Southern präsentieren in diesem Buch 52 kreative Ideen für gemeinsame Unternehmungen, bei denen Paare zusammen auftanken, miteinander lachen und wertvolle Erinnerungen schaffen können. Mal superromantisch, mal zum Schreien komisch, mal ziemlich überraschend und immer als Türöffner für intensive Gespräche. Für all jene, die gerne noch tiefer schürfen möchten, bieten anregende Fragen, Gebetsimpulse und der Hinweis auf eine thematisch passende Andacht die Möglichkeit, noch mehr aus ihrer Zweisamzeit herauszuholen.

Mit Tipps, wie bei der Umsetzung jeder Idee gezielt eine bestimmte Liebessprache gesprochen werden kann.

Stephen Kendrick, Alex Kendrick
40 Tage Liebe wagen
ISBN 978-3-86827-688-6
288 Seiten, Paperback

Geben Sie Ihrer Ehe mehr Tiefgang. Wagen Sie den Neuanfang. Investieren Sie 40 Tage in Ihre Ehe und revolutionieren Sie die Beziehung zum wichtigsten Menschen Ihres Lebens: mit der Neuausgabe des Weltbestsellers! Dieses Praxisbuch für die Liebe stellt Männern und Frauen 40 Tage lang konkrete Aufgaben, die ihnen zu mehr Intimität, Glück und tieferer Freundschaft in ihrer Ehe verhelfen können. Es fordert Eheleute auf, das große Wagnis der Liebe einzugehen: ganz gleich, ob ihre Ehe nur noch am seidenen Faden hängt oder ob sie gesund und stark ist.